U0052738

世界哲學家叢書

奧 斯 丁

劉 福 增 著

1992

東大圖書公司印行

國立中央圖書館出版品預行編目資料

奧斯丁／劉福增著.--初版.--臺北市
：東大出版：三民總經銷，民81
面；　公分.--(世界哲學家叢書)
參考書目：面
含索引
ISBN 957-19-1423-1（精裝）
ISBN 957-19-1424-X（平裝）

1.奧斯丁(Austin, John Langshaw, 1911-1960)-學識-哲學

144.79　　81004906

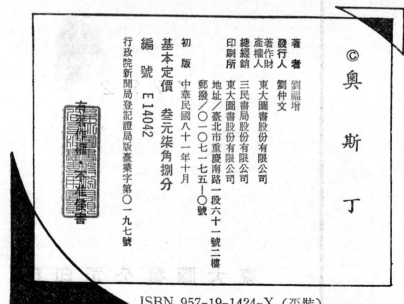

© 奧斯丁

著　者　劉福增
發行人　劉仲文
著作財產權人　東大圖書股份有限公司
總經銷　三民書局股份有限公司
印刷所　東大圖書股份有限公司
地址／臺北市重慶南路一段六十一號二樓
郵撥／〇一〇七一七五－〇號
初　版　中華民國八十一年十月
基本定價　叁元柒角捌分
編　號　E 14042
行政院新聞局登記證局版臺業字第〇一九七號
有著作權・不准侵害

ISBN 957-19-1424-X（平裝）

「世界哲學家叢書」總序

本叢書的出版計畫原先出於三民書局董事長劉振強先生多年來的構想，曾先向政通提出，並希望我們兩人共同負責主編工作。一九八四年二月底，偉勳應邀訪問香港中文大學哲學系，三月中旬順道來臺，即與政通拜訪劉先生，在三民書局二樓辦公室商談有關叢書出版的初步計畫。我們十分贊同劉先生的構想，認爲此套叢書（預計百册以上）如能順利完成，當是學術文化出版事業的一大創舉與突破，也就當場答應劉先生的誠懇邀請，共同擔任叢書主編。兩人私下也爲叢書的計畫討論多次，擬定了「撰稿細則」，以求各書可循的統一規格，尤其在內容上特別要求各書必須包括（1）原哲學思想家的生平；（2）時代背景與社會環境；（3）思想傳承與改造；（4）思想特徵及其獨創性；（5）歷史地位；（6）對後世的影響（包括歷代對他的評價），以及（7）思想的現代意義。

作爲叢書主編，我們都了解到，以目前極有限的財源、人力與時間，要去完成多達三、四百册的大規模而齊全的叢書，根本是不可能的事。光就人力一點來說，少數教授學者由於個人的某些困難（如筆債太多之類），不克參加；因此我們曾對較有餘力的簽約作者，暗示過繼續邀請他們多撰一兩本書的可能性。遺憾的是，此刻在政治上整個中國仍然處於「一分爲二」的艱苦狀態，加上馬列教條的種種限制，我們不可能邀請大陸學者參與撰寫工作。不過到目前爲止，我們已經獲得八十位以上海內外的學者精英全力支持，包括臺灣、香港、新加坡、澳洲、美國、西德與加拿大七個地區；難得的是，更包括了日本與大韓民國好多位名流學者加入叢書作者的陣容，增加不少叢書的國際光彩。韓國的國際退溪學會也在定期月刊《退溪學界消息》鄭重推薦叢書兩次，我們藉此機會表示謝意。

原則上，本叢書應該包括古今中外所有著名的哲學思想家，但是除了財源問題之外也有人才不足的實際困難。就西方哲學來說，一大半作者的專長與興趣都集中在現代哲學部門，反映著我們在近代哲學的專門人才不太充足。再就東方哲學而言，印度哲學部門很難找到適當的專家與作者；至於貫穿整個亞洲思想文化的佛教部門，在中、韓兩國的佛教思想家方面雖有十位左右的作者參加，日本佛教與印度佛教方面卻仍近乎空白。人才與作者最多的是在儒家思想家這個部門，包括中、韓、日三國的儒學發展在內，最能令人滿意。總之，我們尋找叢書作者所遭遇到的這些困難，對於我們有一學術研究的重要啟示（或不如說是警號）：我們在印度思想、日本佛教以及西方哲學方面至今仍無高度的研究成果，我們必須早日設法彌補這些方面的人才缺失，以便提高我們的學術水平。相比之下，鄰邦日本一百多年來已造就了東西方哲學幾乎每一部門的專家學者，足資借鏡，有待我們迎頭趕上。

以儒、道、佛三家爲主的中國哲學，可以說是傳統中國思想與文化的本有根基，有待我們經過一番批判的繼承與創造的發展，重新提高它在世界哲學應有的地位。爲了解決此一時代課題，我們實有必要重新比較中國哲學與（包括西方與日、韓、印等東方國家在內的）外國哲學的優劣長短，從中設法開闢一條合乎未來中國所需求的哲學理路。我們衷心盼望，本叢書將有助於讀者對此時代課題的深切關注與反思，且有助於中外哲學之間更進一步的交流與會通。

最後，我們應該強調，中國目前雖仍處於「一分爲二」的政治局面，但是海峽兩岸的每一知識分子都應具有「文化中國」的共識共認，爲了祖國傳統思想與文化的繼往開來承擔一份責任，這也是我們主編「世界哲學家叢書」的一大旨趣。

傅偉勳　韋政通

一九八六年五月四日

自　序

奥斯丁是當代英國著名的哲學家。他是所謂牛津日常語言哲學家最突出的人物之一。他在語言哲學上，有兩項原創和永久性的貢獻。那就是，他引進「做言講話」這觀點，和提出「説話做行論」。他的「田野工作」式的哲學工作也是獨樹一幟，迄今尚未有人趕過他的。

在這裏，我想向讀友報告我如何寫本書，並且想建議讀友如何閱讀本書。

第一章講述奥斯丁的生平及其哲學的歷史背景。讀友可以很快讀完本章。但是，對師生之情誼和奥斯丁的特別形象有興趣的人，可以再回味一下第二節「週末晨會」和第三節「在哈佛大學講學」。

第二、三、四、和五這四章闡述奥斯丁最著名、最具原創性的「做言講話」和「説話做行論」。尤其是後者，現在已經成為語言學和語言哲學上的重要學説。這一學説已經有許多人繼續發揮，但如果你能仔細閱讀這四章，你會發現，原來這個學説的「源頭」就在這裏。手中有本書的人，一定不要錯過這四章。

第六章是我對奥斯丁的做言理論的一點廻響，讀友可以很快讀過去。希望這一章能引發讀友對常被掛在我們嘴邊的「言行」問題一番新的思考方式。

一個理論，尤其是哲學上的，常常會引起「順反」的廻響。所謂順廻響，我們是說，至少基本上接受這一理論的基本和重要的觀點，然後繼續予以發展。所謂反廻響，我們是說，至少反對這一理論的基本和重要的觀點，並提出反對的理由。能夠同時閱讀和參考一個理論的順反廻響，是了解這一理論的最好途徑之一。我們在第七、八兩章，分別介紹了塞爾和柯亨對奥斯丁的說話做行論的順反廻響。讀友如果想對奥斯丁的說話做行論進一步了解的話，最好也能夠熟讀這兩章。

第九章〈奥斯丁論知覺〉的寫作，主要是爲幫助閱讀奥斯丁原著《感覺與所感覺的》而寫的。由於這本書是講稿和學生筆記「綜合」整理出來的，因此比較不好讀。要閱讀原書或對「感覺資料」的問題有興趣的人，請讀本章。第十章討論奥斯丁論眞理的問題。對眞理論或「眞」(true) 一詞的日常使用問題有興趣的人，請讀本章。第十一章討論奥斯丁論辯解和他的行動哲學。對倫理學和行動哲學有興趣的人，請讀本章。第十二章討論「如果」和「能夠」這兩詞的用法。

奥斯丁的「田野工作」哲學方法，是一種很特別的哲學工作方法。他這個哲學方法雖然多數人很難學得非常好，要知道這是怎樣一種方法並不難，但要熟練和實際利用這種方法去「工作哲學」，卻是要有特別的語言素養。但是，每個做哲學的人，在相當程度內利用這種方法，不但是必要的，而且也是能夠做到的。不用說，本章一定會引起讀友的興趣。

劉福增
國立臺灣大學哲學系
1992年9月

奧斯丁 目次

第一章　奧斯丁的生平及其哲學思想的歷史背景

一、生平及思想

著名的英國牛津哲學家艾爾（A. J. Ayer, 1910- ）說：

> 有一個流傳很廣的相信，認爲在二次世界大戰之後的多年裏，英國的哲學情景被一些所謂語言學哲學（linguistic philosophy）所支配。這個哲學被認爲是邏輯實證論（logical positivism）的支流，而且這個用語被非專業的評論者，沒有區分地應用於有差異的諸如維根斯坦及其劍橋大學的學生，萊爾（G. Ryle）及其牛津大學的跟隨者，以及我自己。然而，爲清楚起見，我想這個用語應該保留給1950 年代在奧斯丁（J. L. Austin）領導下，以牛津大學爲中心盛行起來的對哲學的一種特殊探究❶。

實際上，奧斯丁是所謂牛津哲學或日常語言哲學的大將❷，

---

❶ 艾爾（A. J. Ayer）：《二十世紀哲學》（*Philosophy in the Twentieth Century*），頁 234。

❷ 要注意的，十九世紀在英國另有一個最有影響的分析學派的法律哲學家奧斯丁（John Austin, 1790-1859）。我們這裏講的是二十世紀的奧斯丁（John Langshaw Austin, 1911-1960）。

而且更是現在已經成爲語言哲學和語言學公產的所謂說話做行論 (speech act theory) 的開山大師。

奥斯丁 (John Langshaw Austin, 1911-1960) 1911 年 3 月 26 日生於英格蘭的蘭卡斯特 (Lancaster)❸。他的父親那時是一個建築家；但是在一次世界大戰服役以後，他不再從事建築。在復員後不久，他帶著五個孩子的家庭搬到蘇格蘭去。從 1933 年起直到他長住牛津，他一直住在那裏。

1924 年，奥斯丁拿古典學獎學金到英格蘭西部舒茲伯利 (Shrewsbury) 學校上學。他在這個學校建立了「生活方式」(modus vivendi)；這個用詞也許暗示那時這個學校不是一個特別溫暖親切的地方，然而實際上他在那個學校非常成功。他適度喜歡運動比賽，在學校的後期，他已經是一個準確和靈敏的學者，尤其是在希臘文古典方面。1929 年，由於他展現的有前途的能力，獲選以古典學獎學金到牛津伯利爾 (Balliol) 學院唸大學。

在牛津當大學生，奥斯丁在學術上的成功再次是可預期的。他參加一些運動，很喜歡和伯利爾學院的選手一起玩；但是他的志向和卓越是在理知方面。1931 年他獲得希臘散文蓋斯福 (Gaisford)獎，並且在古典學學士初試上被評爲第一級。就在這時候，當他開始準備牛津古典學學位的最後考試時，他首次認眞熟悉哲學。很重要要注意的是，像許多其他英國哲學家，他是在已經相當完成當做古典學者和語言學者以後進入哲學。他的訓練

❸ 這個生平介紹主要參考奥斯丁的學生瓦諾克 (G. J. Warnock) 的〈奥斯丁傳略〉(John Langshaw Austin, A Biographical Sketch) 一文，K. T. Fann (范光棣) 編《諸家論奥斯丁》(*Symposium on J. L. Austin*) 頁 3-21。

自然吸引他去研究亞里士多德。無疑的，亞里士多德的研究特別重要地影響他後期的研究。也無疑的，更一般說來，在他強烈關心語言的準確和不斷地甚至熱烈地對語言現象本身有興趣，都是深得他的古典教育之賜。他知道他這訓練對他深具意義；但是他絕沒有認定這是他應有的最好的訓練。他自己可能喜歡做一個科學家；他確定希望具有更多的科學知識。雖然他的教育完全在傳統；的模子裏鑄成，他自己在教育方面的觀點卻一點也不傳統他的嚴格的思想習慣，使他質問他依以獲得嚴格思想習慣的教育方法之價值，他有時候會認爲他浪費太多時間。

奧斯丁在伯利爾學院的導師中，影響他最深的是最古怪的人史東（C. G. Stone），《宇宙的社會契約》（*The Social Contract of the Universe*）的作者。他對史東的親切和欽佩是眞誠和久遠的；但是在這人格的愛慕裏，卻找不到任何哲學影響的痕跡。當作大學生奧斯丁似乎遠離周遭氣氛的吸引，然而他並不立卽和不加思索就拒絕流行的觀念論的正統；但是在那時以及此後，在哲學上他最受劇烈刺激的老師是普利查（H. A. Prichard)。其實，他是常常不同意普利查的。那時普利查是懷特(White)道德哲學講座教授。在這裏有某種特別氣質上的關聯。在閱讀普利查的著作時，我們會常常感覺到他在論題上很茫然，他對論題的性質沒有淸楚的概念。他能够旣堅持某種值得注意的偏見，又大膽地信奉某些最異常和不可能的學說。另一方面他沒有修辭；他從不隱藏一個流暢文字表面下的困難；在他的演講、課室和著作中，明顯的，創作在進行。至少有兩次，奧斯丁以寫信和普利查論辯：一次在 1937 年，論辯亞里士多德的《倫理學》中“ϑγαθ′ον”和“εν′δαιμονια”的意義；另一次恰好在十年以後，論辯「答應」(promising) 的分析。這最後一問題長期以來是普利查特別全神貫注的；而他的貫注也許促成奧斯丁長期和耐心探討「做言講話」(performative utterance) 的根源，奧斯丁的這個探討自 1939 年開始。

1933 年，在得到牛津古典學最後學位考試第一級以後幾個月，奧斯丁成爲全靈學院（All Souls) 的一個會員。

在二次世界大戰前的這些年中，奧斯丁的哲學興趣和活動在某些方面和戰後的有很大不同。他的大學論文大部分關注的似乎不是哲學論證的當代狀況，而是其歷史的詳細和學究研究。他對研究亞里士多德《倫理學》的書，做了許多充分的研究。他也研究柏拉圖、萊布尼茲和康德。戰後他再講柏拉圖和亞里士多德，但以不同的方式講。在後者的講授中，學究放在背景裏；這些講授的主要目的不在傳授課文的詳細知識，而在直接探究其哲學論證，希望從中吸取啟廸。雖然他仍然熟悉哲學史，並且總是重視把「古典」著作的學習當做教育訓練，但是在戰後他不再繼續他在三〇年代做那麼多的那種學究工作。他的第一篇出版的論文在 1939 年出現，這篇論文雖然沒有直接處理歷史問題，但它包含二十個明白的歷史參考，這種參考在他後來的著作中是很少的。

在英國的三〇年代中，邏輯實證論的輕視性的唐突無禮，首次使哲學情景活潑起來。奧斯丁贊成邏輯實證論的一般意圖。他不喜歡、不信任那些容易和形上學的野心伴隨一起的浮誇言語、自負和曖昧，因此他贊同維也納學團（Vienna Circle) 和其擁護者的研討會和非無意思的氣氛。但是他同等地不相信實證論對擬似科學術語的熱中，而且雖然他相信哲學問題在原則上可以明確地解決，但是他反對以這種驚人的快速產生宣稱的解決。他認爲邏輯實證論也具有其意想中的遭難者同樣多的缺點。

在這個時候他對哲學問題的一般性質沒有任何他自己的學說；其實，他自始至終也沒有過。那時，他對哲學方法也沒有任何一般觀念；也許他後來有。他的一般信念是：哲學問題的敍說和聲稱的答案在特徵上是**不清楚的**，部分是由於人性脆弱，但主要是由於解決的野心太大太急。他相信，如果哲學要有進步的話，**許多問題**要提出，**許多事實**要調查，**許多論證**要一步一步展開和精密地批評；問題應予以區分，並且**嚴格地一次討論一個**，而且不要省卻努力於**完全**清楚所提出的是什麼問題，以及**確切**對它提出什麼答案。在三〇年的討論中，這種固執的抵抗匆忙的結果被形容爲「強而有力的負面」(powerfully negative)，而它確實是這樣；但是，顯然它不是笨的，尤其是不可忽略的。

1935 年，奧斯丁離開全靈學院的研究職位，到馬達蘭 (Magdalen) 學院當研究員和導師。

奧斯丁在 1941 年和珍古茲 (Jean Coutts) 結婚。他們有四個小孩，二男二女。終其一生，他有在別處找不到的滿意和快樂的家庭生活。一般說，俱樂部和學院的歡忭對他沒有什麼意思；他不需要或不想要許多熟人的娛樂。

在這時候，奧斯丁已經在英國陸軍；1940 年夏天，在一段初步訓練後，他被任命在情報團，並駐紮在倫敦的國防部。他的第一個重要工作是在德國戰爭會；這個工作正好需要一種細密準確，這當然非常適合他。但是在1942年，他接管民防部隊總部一個小隊的指揮，去做進攻西歐的初步情報工作；而這個領域使他成爲無匹的權威。他的小隊原先頗爲隨便，現在很快就有方法，快速和有清楚目標地運作起來。那時和奧斯丁一起服役的畢替（

A. J. Beattie) 記載說:「他的上級很快知道，他在所有情報工作的所有部門上都是一個傑出的權威，因而他們在比任何總部通常會認爲適當的快速，依賴他的建議」。

次年奥斯丁的小隊大大擴大，並且在戰區情報小隊名義下，調到第 21 集團軍。奥斯丁在這較大任務中當少校，後來盟軍最高指揮部形成，就當中校；但是在這時候，由於他知識的浩瀚，他的專知的高超，以及他的判斷的高度價值，因此實際上他繼續掌理所有的工作。在二次大戰盟軍進攻西歐始日以前，在北法國海岸防備、基地地區、供給、隊形，以及在它們後面的運輸系統，以及實際上在戰區的德國防禦力量和民政的每一方面，他都收集了大量的資訊。有人說:「他對盟軍進攻西歐始日情報的救生準確性，比任何人更有責任。」

1944 年夏天，他和他的小隊首先調到諾曼地的格蘭威爾，後來到凡爾賽。在這時候，他不再處理逐日發展的事，而只處理事前若干月要運作的戰略情報。他以他慣常的瑣細徹底做這工作，但是在戰爭的最後階段，他似乎已覺得這種工作逐漸無趣。在戰爭就要結束時，他參加主要敵俘的審問，並且很入神。但是後來他告訴畢替教授說:「如果他牽入另一次戰爭」，他想從事供應用品的工作。

1945 年九月他以中校和大英帝國軍官離開軍隊。他在盟軍進攻西歐始日前的工作得到法國軍功十字章，和美國的功勳勳章。

他回到的大學在那時候情況很特別；他的領域依然是哲學。在戰爭進行的時候，大學人口逐漸減少。戰後，似乎在頃刻間擁擠和氾濫起來。大學部同時擁進若干代的學生，比通常高十歲以上；多數人曾服兵役；政治盛行左翼、樂觀、前進；長輩者也帶有一些新神色。像奧斯丁那樣，許多人是從傑出的戰役回來的；但是也有前六年陷入空缺很少遞補的職位，因此便有突然急速的新任命。在哲學保守的反對勢力尚未完全消失；但是諸如萊爾 (Ryle)、艾爾 (Ayer) 這些戰前的「急進分子」現在可以視爲是獲得很大的「贏」方；此外，諸如魏斯曼 (F. Waismann)、伯林 (Sir I. Berlin)、保羅 (Paul)、漢普夏 (S. Hampshire)、哈特 (H. L. A. Hart)、鄔木森 (J. O. Urmson) 等，都在名册上。無疑的，這種擬似好戰的類屬回想起來看似荒謬，甚至是不好的；無疑的，這種明顯對比意味著哲學的黑白是素樸的，樂觀是沒有根據的。但是，朝向看來十分可得的目標的新東西和新開始，強烈的活躍起來。

這種意味的哲學活力不完全是由於封閉在戰爭中的能量的僅僅釋出；這種活力有很大一部分是由於哲學本身的狀況。萊爾繼承柯林屋 (R. G. Collingwood) 當維恩福里 (Waynflete) 講座教授；他已經在做，也許是首次有系統和眞正大規模把新哲學的樣式應用於大的傳統問題；而在這時候，已經很久幽閉在劍橋大學進行的維根斯坦的後期哲學，被更廣的哲學界所知悉。在這時候，哲學眞正有許多令人鼓舞的氣息。

在這生氣旺盛的哲學情景中，奧斯丁是主要權威之一，而他的在場對這種生氣有基本而實質的貢獻。1946 年他參加「別人的心」(Other Minds) 的討論會，並發表〈別人的心〉專文；這一專文也許仍然是他所有論文中最常被引用的，而且也是第一篇明顯的具有他的特徵的著作。1947 年，在他的序列演講中，他開始批判在知覺上的流行學說，這個序列的題目是〈感覺與所感覺的〉(Sense and Sensibilia)；而在當時他並沒有加入對維根斯坦尊敬的行列。在哲學中環繞維根斯坦著作的個人氣氛，強烈得使他憎惡；當然，維根斯坦刻意和原則上拒絕究極性、確定性，和清楚充分陳述的答案的理念，也是關鍵的，因為那正是奧斯丁認為只有這些才是值得認眞追求的。有時候有人提示說，維根斯坦影響了奧斯丁的觀點，瓦諾克認為這不眞。

自戰前以來，奧斯丁對哲學的一般見解沒有改變，而且以後也沒有改變。他認為，在哲學之名下代代相傳到我們這個時代的東西，是先前甚至更大糾纏迷惑的殘渣。歷來原先有氣狀團塊沒有區分的問題，當某些種問題和方法逐漸清楚以後，諸星體以獨立學科的形式脫離了，這些星體就是數學、物理學、形式邏輯、心理學。如果是這樣的話，那麼在哲學的範域和名目下所剩下的東西，至少很不可能組成任何一種問題，因而沒有單一的方法可能成為進步之鑰。那麼，這些問題就應該沒有先入之見來探究，以最清楚可能的眞相解釋、描述和發表，並且以任何看似相干和有效的方式來討論；做這種工作需要的德性是眞誠、勤勉和耐心。典型的、致命的哲學失敗是不精確和過度簡化，尤其是急躁的繁殖虛造的「答案」。

這是奧斯丁長久以來相信的，而且始終確切相信的。但是，瓦諾克認為，從戰前以來奧斯丁對哲學的程序已經形成兩種新的看法：第一個而且是最有名的一個是，為了有益清楚和共同的了解，「日常語言」不但通常應被哲學家使用，而且也應被哲學家徹底和詳細研究；另一個看法是，哲學可以而且應該是一種合作的追求。就如那時候在牛津，許多哲學家常聚在一起討論哲學。奧斯丁在戰爭中曾遭遇巨大而複雜的問題，這些問題初看起來似乎就是不能解決的。然而，它們被解決了；它們被數以百計有訓練的研究者的耐心、細心的努力，以及他研究的堅毅、有系統的合作而解決。哲學的問題相當大而複雜；爲什麼它們不應用類似的方式來解決它？如果到大眞理的路是經由不可計數的許多小眞理耐心的累積，在哲學不也似乎是許多獨立但合作的頭腦的工作嗎？就像大部分的科學研究那樣。顯然，奧斯丁希望在哲學裏有一個有組織的「小隊」，一個有訓練的研究小隊，就像幾年以前他的戰區情報小隊那樣。

無疑的，奧斯丁把他自己看成是這樣一個小隊的指揮。但是，在牛津教學的要求異常重，而且除了科學的學系以外，又沒有權威結構，因此要形成和維持這種隊伍的存在，實際上很困難；但是認定這種實際的困難不能克服，是不合理的保守。無疑的，授權給任何一個個人去指揮別人的工作，會對學術自由形成嚴重的危害；但是這種權力常常正當產生，而並不一定誤用。

奧斯丁的實務能力在他的戰爭服役中已經證明。他這個能力也立卽在大學行政中使用。1949-1950 年間，他當學監，並推動考試章程的修正工作。以學監身份，他參加許多委員會。他工作的特色被描述爲「對細節極注意」。當時的院秘書曾說：「一旦我們使一個提案通過奧斯丁，我可以十分確信它是天衣無縫的。」從 1953 年，他當兩年哲學分系主任，也是教授委員會的活躍的一員。後來，也成爲週會議和教授大會的一員。在這個常爲枯燥無味的工作中，他的標準異常高；他始終知道事情的進程，並對事情形成見解。他參加會議從不只是一個「沒有理性的投票者」，他能夠把握案情，並以異常速度衡量論辯。

他的最艱苦的實務工作是當大學出版部的代表，這也是最適合他的實務工作。從 1952 年他當大學出版部的代表起，他也成爲懷特（White）講座教授。他對出版方面特別有興趣，尤其是語言方面；他推動出版部的亞里士多德著作的新叢書的翻譯。從 1957 年起，他擔任財政委員會的主席。

1955年春季，奥斯丁訪問美國哈佛大學當威廉詹姆士講座；1958年秋季訪問柏克萊加州大學。在這兩個地方，他都給聽他演講的人一個最有力的衝擊。在柏克萊，甚至在他到那兒的學期以前，他已被強烈請求去擔任永久教席。雖然這個邀請很吸引他，但他並沒有接受。他對美國的整個景象很著迷；美國的幅員、資源、無盡的可能和開拓的將來，在在都使他著迷。他的氣質和性格是一個徹底的改革者；有許多新的事物他想以新的方式去做，並且尋求別人的合作來做。顯然，他覺得在美國這種東西可以做，比在牛津更容易，因爲在牛津，學術運作系統也許被無政府狀態冷酷地弄僵化了。在某些方面他個人在美國更自在；他覺得在美國氣氛不複雜，友誼坦誠，有更大的清晰和自由，自己較不用提防。然而，他是英國式的；因此，不足驚奇的，他發現他要決定離開英國是不可能的。

1960 年 2 月，奥斯丁因癌症病逝。他的逝世在牛津的哲學上的損失是他的權威性。他的能力是卓越的；他的哲學工作是重要而且不斷有趣的；尤其重要的是，他在那裏提供一個重心。他的逝世使牛津喪失了一個最能幹的哲學工作者；他的逝世也使哲學主題喪失了其本身的某種生命。

奥斯丁的書有下面三本：

1. 《哲學論文集》（*Philosophical Papers*）
2. 《如何拿話做事》（*How To Do Things With Words*）

3.《感覺與所感覺的》(*Sense and Sensibilia*)

第一本是他生前已發表的論文集，他逝世後由他的學生鄔木森 (J.O. Urmson) 和瓦諾克編輯出版。後兩本是他逝世後，分別由他的學生鄔木森和瓦諾克整理他的講稿編輯出版的。

二、週末晨會

在 1950 年間，奧斯丁在牛津大學，定期在週末早上，邀請一些喜歡的同事和學生做非常自由的哲學討論和「聊天」。這是當年牛津有名的「週末晨會」(Saturday Morning Meetings)。他的學生瓦諾克 (G. J. Warnock) 曾特別寫一篇講述這個晨會的文章[4]。現在摘述如下。第一人稱指的是瓦諾克。

> 在 1950 年間，在每個學期之前或在第一個禮拜之間，我和其他的人會從奧斯丁那裏接到有關該學期「週末晨會」的一張小卡片。通常這張卡片通知的是我們集會的地點和時間；我們要討論的問題，如果不是前學期進行以來的，我們就在第一次集會討論決定。規定的時間是早上10點30分。奧斯丁和少數其他的人通常在那時間會到場；但是受邀人也可以在任何時間出現，或者不出現，沒人會講話。雖然集會會在下午一點準時散會，但沒有停留到結束的義務。在任何週末晨會，有許多經常來來往往的人，除了只有受奧斯丁特別邀請的人可以參加以外，這個會是一種沒

[4] 瓦諾克 (G. J. Warnock)：〈週末晨會〉(Saturday Morning Meetings)，伯林 (Sir Isaiah Berlin) 等著：《論奧斯丁論文集》(*Essays on J.L. Austin*)，頁 31-45。

有明顯結構的長者的說話；沒有人必須來或必須停留在那裏；沒有人宣讀論文，也沒有人回答；偏離約定的題目是常有的，而如果有什麼相當明顯的「向主席說話」，這也是依自然，而不是依約定。

那時候在牛津的哲學家沒有他們自己的前提；如同其他哲學社團，我們在不同的學院集會。我最記得的房間是伯利爾學院(Balliol)前方院裏的維多利亞共同休息室，簡陋、舒適、粗糙；是由赫爾 (R. M. Hare) 找給我們用的。比較沒那麼常去的，是在三一學院隔壁的一間類似但更小更舊的房間，是由諾爾史密斯 (P. Nowel-Smith) 安排的。至少有一個學期，也在伯利爾學院裏的一個清冷和隱藏的演講廳，桌子很小。偶爾，由格萊斯 (H. P. Grice) 的安排，我們使用一間在聖約翰學院裏精緻的現代房間，有一個大的中央桌子和高級椅子。在正式上，這是奥斯丁喜歡的房間；他要求把扶手椅子和一個非形式的舞臺裝置看做是哲學上的衰老，而喜歡圍繞一個桌子和一個更直立的姿勢。

我們這些集會有兩個主要層面，和我參加過的其他集會很不一樣。一個是奥斯丁自己的地位，我不能想到有任何可比的個人的權威是如此不費力的運行。集會的過程並沒有什麼形式上的規律；相反的，它們是非常不固定和自由，沒有形式上的程序。它們也不嚴肅；相反的，它們是不斷地令人享受和有趣。奥斯丁除了享受哲學論證以外，也喜歡開玩笑和幽默。他一點也不像維根斯坦；維根斯坦不喜歡別人對他自己認爲好笑的東西發笑。卽使這樣，這些討論也絕非因循的，也非鬆散。奧斯丁的同輩和年輕同事不但對他的理智天賦的異常新鮮和力量感到尊敬，而且不可能不尊敬他這個人。他的出現總是有點像一個校長那樣；不論講話是多不拘束和氣氛是多不拘形式，他仍然是校長。主動之手在那裏是很清楚的。有時候奧斯丁自己必須提早離開；當在他背後門關起來時，卽使討論繼續不斷，人們在椅子上會有猛然鬆散的明顯感覺，講話更衝擊，笑的更隨便。他們現在脫離了強大的磁場。

這些集會很獨特，沒有哲學論辯中常見的好鬪、好爭的形態。當然我們有許多不同意；但是這些不同意不是一種公理：我們**必須**不同意，必須刻意去找別人說的我們不同意的東西。沒有人嘗試去贏，沒有人有意去護衞某一立場，因此在早晨過去時，沒有人是論辯的犧牲者。這有幾個理由，最明顯的是，沒有人宣讀論文和沒有人回答；因此，在開始時沒有人刻意持有預存的敵對立場。奧斯丁有，而且無疑的，他也知道他有批評者；這些批評者不喜歡他所做的東西以及他做它的方式。那些人沒有被邀請，而且卽使被邀請也許也不會來。有一次奧斯丁被要求陳述他的哲學正確性(correctness) 的「標準」，他回答說：「好」，如果你能夠使一羣「有些好吵鬧的同事」在論辯後都接受一些什麼，那麼，他認爲那會是「一個一點標準」。無論如何，使一些什麼正確，說一些什麼相關和爲眞的東西，是他；這個目標在這些集會中普遍都被接受。我們以合作談論，而不是以競爭談論。

在這裏我不可給人一種普遍的親切而講理的態度，甚或非人性的毫無瑕疵的客觀這種假的印象。當然，奥斯丁並沒有全然錯誤地眞正相信我們都是始終如一的合作者。在提供一些要講到的論題中，奥斯丁已經有應該對它講什麼的相當明確的觀點，雖然他並沒有立卽宣露；而且，雖然有時候，他似乎並不想顯示他自己的意向，他時常知道那一方式他想要其餘的人的講話要輕推一下的，而且他也去輕推。當然，他不喜歡自己有錯，他介意他不應把事情弄錯；除了他自己的激勵，他很不容易承認他有錯。然而，由於他不常犯其餘的人有足夠敏銳來注意到的錯誤，因此實際上更重要的是，他並沒有特別介意不被同意。

在這些持續的週末晨會中，實際在做什麼呢？由於奥斯丁一般被視爲對所謂哲學方法學（他討厭這個用語，除非也許是在滑稽的場面）具有非常明確和特殊的觀點，因此我們應強調的，我們實際進行的時常並不特殊。我們並不總是應用〈懇求辯解〉一文所使用的程序教訓❺。這常常是因爲我們是在分析和解釋一部實際的著作原文，通常並沒有什麼深奥的東西。我的印象是我們最常討論亞里士多德《尼科馬伽 (Nicomachean) 倫理學》裏的段落。1953年以後，維根斯坦的《哲學探究》幾乎也一樣常出現。至少有一次，可能更早，我們花了一個學期在弗列格 (Frege) 的《算術基礎》，1950 年奥斯丁英譯這本書。也討論過梅露龐蒂 (Merleau-Ponty)。然後，在 1959 年，我在這裏首次聽到杭士基 (Chomsky) 的名字；我們花了這一年

❺ 奥斯丁：〈懇求辯解〉(A Plea for Excuses)，見他的《哲學論文集》(*Philosophical Papers*)。

的秋季在他的《語法結構》。在這些場合，我們的目標一點也不特殊，因爲我們要做的，是要對在我們面前的原文在講什麼獲得絕對清楚，以及檢討我們是否被所說說服；而奧斯丁對追求這個目標沒有特別秘方。在這些場合，奧斯丁喜歡討論的單位是語句，不是段落或章次，更少是整本書。大致說來，他似乎傾向於認定：書寫好了，當做語句的序列，它們應該以每次一句來讀，在進行次一句以前，應徹底解決每一句的意思。

但是，當然有許多場合我們的討論確實轉入奧斯丁的特殊性質，雖然也許不是都按期待進行。就我記憶所及，有三種不同的特殊情況，其中第三和也許第二種有點令人驚奇。讓我們先講第一種吧。

就如我們會期待的，的確在有些場合，我們實際上列舉英文的字詞，並嘗試不斷的區分它們的意思，並從納入到它們日常使用中的區分學得它們的意思。有一次從當做術語的“disposition”（潛質）一詞的使用開始；在 1950 年左右，這一詞在哲學表示上是當效能的一個詞，這是由萊爾（G. Ryle）在他的《心之概念》提出的。奧斯丁相信哲學家的術語或以術語方式使用的日常用語，易於把有時候應該保留或至少應注意的區分模糊掉。奧斯丁想知道“disposition”（潛質）眞正是什麼；這使我們把“disposition”一字和例如“trait”（特性）、“propensity”（傾向、習性）、“characteristic”（特徵）、“habit”（習性）、“inclination”（傾向）、“tendency”（傾向）等等做比較

❻。我記得奥斯丁叫我們注意當作某種職業制服字眼的"habit"的使用，例如"Monks wear habits"（僧侶穿法衣）；以及植物學家講的"'habit' of plants"（植物的習性）。

我必須承認，我總是覺得做這樣的討論是極其令人享受的，正合乎我的口味。我並不相信它對戰後世界問題的解決可能有什麼貢獻；我並不相信它確定或必然對任何哲學問題的解決會有貢獻。但是它是極其令人享受；它並不容易；它訓練機智。格萊斯 (H. P. Grice) 曾經說，當他和我以這種方式尋找某些部分的知覺字彙時，「語言是多麼聰明呀！」我們發現它使我們某種顯著的精巧的區分和同化。

第二種場合是特別奇異不同的一種；它無疑是高度奥斯丁特色的，這最好拿一次我們和美學的格鬪來說明。如我們會期待的，奥斯丁決定要我們遠離有關藝術、美和意蘊形式的普遍性；我們要去發現什麼樣的東西人們實際以美學的評價去說，以及爲什麼這樣說。但是奇怪的是，奥斯丁雖然對使用的特個用語不是沒有興趣，但是他似乎在找一種所有我們所謂的藝術樣品可以適合的標準形式，這種形式會提到某種物理的和某種更美學的「性質」，以及這性質如何以某種方式從這標準形式得來。在那時，這種對某種統一的公式感興趣，使我有點迷惑。也許奥斯丁在這裏有一個理論在背後。我們應記住的，雖然他對非常普遍的

❻ 在這裏這些字的中譯只是供參考，讀者最好還是要對「原文」去了解。

理論有直覺的懷疑，並且認爲這樣的理論常常草率未成熟地投入世界，但是他確實在他的腦後常常具有這種理論，並且常常使它在那裏。

第三，也是很不同的，我們至少花了一個學期熱烈討論基層的實際道德問題。無疑的，這種討論的目的是典型奥斯丁的，那就是使我們至少暫時收回理論，提醒我們去關心人們如何實際去做，而不是如何去說或想。但是在這種討論中有點奇怪的是，實際上沒有什麽哲學結論明白被引出來，而我的印象是奥斯丁也沒有什麽哲學在他的腦後，他也沒有希望我們應學得什麽特別的哲學教訓。我不知道在該學期中在哲學上我學到什麽，但這些討論也一樣令人十分享受。

我並不眞正清楚爲什麽那些週末晨會對我來說，似乎是最好的哲學際會，也許是因爲那時候我在哲學事業上還相當新進和比較年輕，因而一般說來，更充滿希望和易受影響，更容易享受周遭和受周遭的感動。在 1950 年代早期，每一個出現在那裏的人，包括奥斯丁在內，都比我現在年輕；我們大部分人剛開始，而在某一意義上，牛津大學本身在戰後重新出發。我想並不是每個人都像我一樣覺得奥斯丁的玩笑是好玩的；也不是每一個人都立卽被奥斯丁可敬畏的人格所吸引。甚至有些人還認爲不相信奥斯丁的目的是認眞的。不是每個人被自然語言無盡的精緻所迷，或享受做字的表列和試驗它們的效能。但是，這些東西卻給我快樂和滿足。

奥斯丁是絶對第一手的，不論他能力、批評力或學問多好，他不是一個哲學的承銷商、解釋者。他是哲學的製造者，一個眞正的源頭。我們時常感覺到，這些集會不是談論哲學、教哲學或學哲學的際會，而是**做**哲學的際會；在這些際會中，哲學實際**產生**，然後形成論題的生命，跟著批評者和解釋者去做一些什麼解釋。今天我似乎比較少有這種感覺；在有這種感覺的際會，是很値得在那兒的。

三、在哈佛大學講學

1955 年 2 月奧斯丁到美國哈佛大學，以威廉詹姆士講座討論「原諒」的論題。普林斯頓大學哲學教授比查（G. Pitcher）是當時哈佛的研究生。他上了奧斯丁的課，師生兩人以後也有比較密切的往來。後來比查寫了一篇奧斯丁的回憶❼。現在我們將這篇回憶摘述如下，以饗讀者。本節的第一人稱「我」是指比查。

1955 年 2 月奧斯丁到哈佛來講學。我們以最高的期待等待他的光臨。我們聽說奧斯丁是牛津大學最有趣的哲學家，他支配那裏的哲學舞臺。這個聲名自然叫我們認爲他是了不起的，因爲我們都把牛津大學認爲是一個哲學的領導中心，而我們許多人把它看做是世界上激勵哲學新研究的地方。卽使是他討論的題目，雖然在保守陣營中會叫人有損權威的大笑，但是卻會激起我們其餘的人好奇和愉

---

❼ 比查（G. Pitcher）：〈奧斯丁：一個個人的回憶〉(Austin: a Personal Memoir)，見伯林等著前書。

说。我們感到奥斯丁的光臨也許意味著一種舊傳哲學的解放，某種全新的突破。我們看到了我們面前冒險奇遇的可能。

奥斯丁的第一次討論會在愛默生館的小教室C，擠满研究生和教授。他走進來，穿著非常普通，沒有熨得很挺，藍色西裝；在我的心目中，這些將是他外表的一個基本儀態。他給我的第一印象是某種紊亂的不相稱：他看來像是一個精明的稅律師，或者一個能幹，也許太嚴格的學校拉丁文老師，然而他和我心目中一個傑出哲學家應有的樣子並不密切相當。他從筆記立即開講，以一種緊湊但一點也不令人不愉快的高音，造出整齊的詞語和極度精確的語句。他自信，不慌不亂，有效率和率真。他沒有訴諸任何舞臺效果，他的作風和樣子像是漠然的法律專家。

他首先講對日常語言密切注意的價值，以及他認爲研究「原諒」字眼可能有的哲學上有報償的理由。對這個工作的要點和重要性的這些一般說明，對我十分有意義，但似乎並沒有激烈興奮。奥斯丁好像是從一種義務感來發表這些說明；好像有人期待他去恢復我們的信心說，我們的哲學工作是值錢的。但是當他靜下心來處理日常語言中特別的「原諒」問題的實際研究時，氣氛立即上升。他從對「原諒」字眼的一般說明開始，然後在上課末尾引進整個學期我們要探討的課題，即發現各種重要的「原諒」字眼的確切意義之企圖。

在這第一次討論會上奥斯丁所說的，以及許多他後來所說的，現在大家都很熟悉❽，但是對我們來說，那時候是令人震顫的新。我清晰地記住我感覺到的興奮，例如他說當我們用一個副詞，譬如「受意志控制地」(voluntarily) 或「非受意志控制地」(involuntarily)，來形容一個動作時，我們把正常情況轉換成不正常情況；因此，在日常事例中，當我僅只打呵欠或在閱讀之後把報紙丟到椅子上時，我既不是受意志控制地做它，也不是非受意志控制地做它，我只是在做它。

在我的職業生涯的情感起伏上，奥斯丁的討論會劃出一個高峯。這個高峯是一個大膽的做哲學的新方式，這個方式似乎在每一個地方都放射光亮。儘管「原諒」(excuses) 這個題目有意使自身不受注意，我們所研究的東西絕不是平淡的，因爲它在底層實際就是人類行動概念本身。使用謙遜但優美設計的例子，奥斯丁要我們看到“deliberately”（有意地）、“intentionally”（有目的地）和“on purpose”（故意地）做什麼，“recklessly”（魯莽地）、“heedlessly”（不留心地）和“thoughtlessly”（疏忽地，不關心他人地）做什麼，“absent-mindedly”（心不在焉地）、“inadvertently”（粗心地，無意中地）和“unwittingly”（不經意地，非故意地）做什麼等之間的不同❾。在這些看似平淡的分析探討中，我們實際達成嚴肅的目的：我們看到了人類行動的非常複雜性。

奥斯丁討論會的部分趣味，來自他的例子和他的引人注意

❽ 這是指在他的《如何拿話做事》中所講的做言理論和說話做行論。
❾ 這裏這些字的中譯也是只供參考。

的形象。在舉例說明意圖 (intention) 和目的 (purpose) 的不同時，奥斯丁指出有一個女孩的父親問她的求婚者:「你的意圖是什麼？」，不是「你的目的是什麼？」我們花了許多時間在行動的結果 (result)、後果 (consequence) 和效果 (effect) 之間的不同上。關於結果，奥斯丁舉了這樣一個例子：如果有小孩拾起一個地雷，拿來玩，而被殺了，這是敵人行動的一個結果；但是如果一個大人拾起一個地雷，把它鋸成兩半，因而被殺了，這**不是**敵人行動的一個結果。在另一個場合奥斯丁說，訴諸「習慣的逼迫」(force) 可當做一個原諒，只要你能夠解釋這個習慣在正常環境下是對的。因此雖然有人因習慣的逼迫在非吸煙區點煙有某種辯解，但是一個謀殺者拿「他因習慣的逼迫而謀殺人」卻不能當做一個好的辯解。在區別心理狀態 (state of mind) 和心理架構 (frame) 之不同中，奥斯丁說，如果有什麼事情使你成某種心理狀態，則它使你的機械失靈；然而如果你是在某種心理架構，則你的機械並不失靈——你的機械毋寧是在某一特別運轉中。

在我們最後一次的討論中，我們花了一些時間嘗試去解決在企圖去做什麼中包含的是什麼。我們沒有達成任何結論，但是其中有一個令人刺激的論例是：如果一個人對棉被下的一堆木材用斧頭亂砍，認爲有人在床上，那麼儘管法庭認爲這不是企圖謀殺，它不是企圖謀殺嗎？最後，他留給我們仍然在我心中縈迴的一個虛擬的案子。仲斯準備經沙漠做一長期旅行。他有兩個敵人甲和乙，甲陰險地給仲斯的水壺填進致命的毒藥，乙前來，對甲的極惡行爲毫無所知，給水壺打一個洞。仲斯帶他漏洞的水壺向沙漠前進，死於口渴。問：誰殺了仲斯，甲還是乙？

在任何哲學討論中奥斯丁簡直是個指揮者，他不但是老練，而且更引人入勝的是完全負責。有許多人我們可以認爲對他們我們總是以表示尊敬的注意聆聽，因爲他們說的一般是值得聽的。但是奥斯丁萬無一失地博得別人、學生和同事的態度遠勝於此。不論什麼時候，一羣人中的其他成員做一個批評時，大家都會本能注視奥斯丁，看他的反應會是什麼；在論辯的每一階段，我們都會急切地想知道他想什麼。因此，不用提高他的嗓子，不用猛烈抨擊或譏諷，不用表現支配的虛飾，奥斯丁寧靜地支配他參與的論辯。我從未看過如此自然權威的展現。

在哈佛的那春季，奥斯丁和同事們引導一系列他著名的「週末晨會」(Saturday Mornings)。有兩三個研究生也被邀請，我很幸運的是其中一個。該學期的論題是感覺資料(sense-data)，在討論中身體坐位和談話的中心，都落在奥斯丁這個人。他坐在木製的扶手椅子上，我們其餘的人面對他形成粗略的半圓形。我們的討論都會認定這物理展開的形勢：其他人的講話似乎不是對人羣全體，而是對奥斯丁，而他則依次回答每一個人。

奥斯丁給我最鮮活的印象之一，是有一次在週末晨會，聚集了他在哈佛的同事。他筆直坐著，筆記放在腿上，沒有使用；他的脚交叉在膝部，不在踝部。他靜靜的講，但十分專心，越過我們的頭頂凝視教室後面。他的眼睛敏捷閃耀，他那有特色的微笑並不是表示輕率。在他的左手中拿一枝裝滿煙，但未點火的煙斗。他的右肘輕放在扶手，右手一直拿著燃燒到盡頭的木製火柴。從他塡好煙斗，他已經點了第四或五枝了；每次都直到燒盡，就像現在這一枝那樣快燒到手指頭了。我們的注意被同等分到奧斯丁這樣專注在講的是什麼，和火柴燃燒的過程之間。在最後可能時刻，而且仍然未看火柴之下，奧斯丁十分平靜搖動它而把它熄滅；他並沒有吹熄它。我總是半信半疑，做這種慣行是爲了它的戲劇效果，但無疑的大半都是在無意中做的；但如果這是一個思辯者的妙訣，就我所知，這是在奧斯丁的戲目中僅有的。

我個人和奧斯丁的相識，在他到達哈佛以後很快就開始。有幾個月我一直在做我的博士論文的工作。維根斯坦的《哲學探究》(*Philosophical Investigations*)使我相信字詞是具有許多不同使用的工具 (tool)。這令我想到一個尚未被詳細研究出的觀念：我的持題就是要做這工作。在聆聽第一次威廉詹姆士講座的開場白的幾句話中，我知道奧斯丁將要討論的正好和我想去對付的問題相同。他選的這個演講系列的題目是「如何拿話做事」(How to Do Things with Words)。依他解釋，這個題目具有實效論的特性，是爲尊敬這個講座爲之取名的人的，因此顯然奧斯丁主要是要講語言的使用。

在他其次一次詹姆士講座之後，我緊張地接近他；我記得跟在他後面走到艾略特院 (Elliot House)，他在那裏有房間。我很興奮，因而可能不知所云；但是奧斯丁很快讓我輕鬆下來，不但以他不慌不忙的步態和全然合理的討論，而且以我不能預期的十分親切的態度。他說他當然會很樂意閱讀我的持題已經寫的部分。我問能不能在兩週以後我們見面討論它。他說:「呀! 可以。」

就在兩週以後，奧斯丁和我在午餐後，在艾略特館他的房間裏見面。客廳陳設樸素整齊，除了書架上排得整齊的書本和桌上一些紙張以外，看不到奧斯丁私人物件。奧斯丁很仔細閱讀我的稿子，做許多有用的批評。

在那第一次會面，我們沒有時間討論奧斯丁的所有批評，因此安排下週再次會面。在我們的談話中，我說我認爲字詞是具有多重使用的工具。奧斯丁說:「讓我們看看維根斯坦怎樣講它」，他拿一本他的《哲學探究》。他讀第 23 節；在那裏維根斯坦列舉語言的一些使用——下命令、沉思一件事、演戲、講笑話等等。奧斯丁說明，這些東西都十分不同，不能只那樣混在一起。然後他對字詞的器具性 (tool-hood) 表示懷疑:「你十分確信『器具』(tool) 是一個正確的字眼嗎? 它們不也許更像一些其他的東西——例如器皿 (utensils) 嗎? 」他建議我們嘗試去決定種種可能是什麼；他一頁一頁翻《簡易牛津字典》，挑出候選者，我把它們記下來。我的表列中含有約三十個字，包括 “appliance”（用具）、“apparatus”（器械）、“utensil”（器皿）、“implement”（器具)、“contrivance”（機械裝置）、“instrument”（工具）、“tool”（器具）、“machine”（機械）、“gadget”（小機械)、“contraption”（機巧品）、“piece of equipment”（裝備）、“mechanism”（機械)、“device”（裝置）和“gimmick”（小機械）

❿。我們對這每一個例子都一一去想，並決定它們之間有什麼重要不同。我認爲我們決定，在這表列中字詞可能最像「工具」(instrument)。

奧斯丁在哈佛的停留給人印象深刻。他展現的以及他在每一件事上力言的字詞使用的極其高度標準的精確，對聽過他演講的人產生恒久的影響。在研究生當中他甚至使少數人完全、明顯地轉變成他的特別處事的方式，我就是其中一個。大家都會同意的，奧斯丁所做的，他都做得極其好；但是有少數人並不確信它與哲學有什麼關係。就我所知，每個在哈佛的人，不論是哲學的朋友還是敵人，都喜歡他，但是我們都對他有尊敬的距離。

1955-1956 年我獲得哈佛的旅行研究獎學金。卽使在奧斯丁來哈佛以前，我就計畫到牛津大學去一年。現在我認識奧斯丁了，自然更熱切想到牛津去了。學期結束，奧斯丁離開哈佛以後，我下次看到他是在八月，那是我到柏林在牛津中途逗留，我打電話給他。第二天他邀我和他的家人一起吃午餐。他開車送我到他家。

對奧斯丁的家事我很沒有準備，我也全然不知道我期待發現什麼。也許我幾分預見一位一絲不苟的中年太太，帶著眼鏡受驚的聰明的小孩們，保守和拘禮的冷靜氣氛。但是，我完全錯了。奧斯丁的太太絕非一絲不苟，也不是中年。如同我很歡喜發現的，她在家裏作出親切溫暖的氣氛，使得不安和冷漠很快消失。四個孩子都確實很聰明，

---

❿ 這裏這些字的中譯也是只供參考。

沒有什麼使他們受驚，也沒有戴眼鏡。實際上，他們每一個都有他們自己十分不同的方式，十分逗人喜愛。我很快喜歡他們。有一個他們可見的共同的東西，但它一定不是事先我半意識地具有的任何荒謬的意像；它是，我要說的，他們的快樂和幸福。奥斯丁的家充滿寧靜的歡樂和放心的喜悅。的確，如同在別處一樣，奥斯丁自己在家裏擁有絕對權威；但是，這種權威絕不是從別人要求來的，在我看來它也沒有施展，它就是那樣親和地讓他擁有。自始至今，對我來說，奥斯丁的家形成一個家庭所能有的一個理想。

在這之後的一年，除了參加奥斯丁的演講和上課以外，我平均每兩三週看他一次。他很親切，自願當我的非正式指導者；雖然他沒有閱讀我在寫的論文，但我們定期會面，討論我艱苦處理的問題。我常被邀請參加奥斯丁家族的週日午餐。在這些場合，吃完飯後，整個家族和我常湧入奥斯丁古舊戰前的洛瓦 (Rover) 牌轎車，到外邊小遊。這古舊洛瓦常常拋錨，停在公路旁。奥斯丁會下車去，神秘地亂動馬達；不論他怎樣動，每次都行得通。還說只當我在車子時，它才拋錨；奥斯丁有一次很堅定的說：「你看，比查，它就是**不喜歡**你！」

在二月或三月，我得知奥斯丁在幾年以前是拉小提琴的。由於我彈鋼琴，我請他找出藏在閣樓中的小提琴，以便我們能夠一起演奏一些簡單的奏鳴曲。奥斯丁有點猶豫，然後同意我的提議。我買一些簡單的科勒里 (Corelli) 和德里曼 (Telemann) 的奏鳴曲，之後幾週裏，奥斯丁和我在他的客廳中，有幾次極其愉快的演奏。我不知道他單獨練習多少，但是我認爲對好幾年沒有摸樂器的人來說，有這樣的演奏，已經是很好了。他好像和我一樣享受這些演奏，但是我想他從未克服在公眾面前表演的那分困窘感。我已經講過奧斯丁的自然的權威。這種權威引起奧斯丁幾乎不會錯的公眾形象。這個形象他似乎感到有去保持得很深的需要。這樣，雖然他的意見當然有時候會改變，但是我從未聽過他明白或暗示承認他犯過錯。因此，他態度優越。但是就我所知，沒有人覺得這是冒犯；因爲我們有點知道，奧斯丁私底下有最嚴厲的自我批評。

我認識的奧斯丁是一個慷慨善意的人；因此我有一點難以了解的是，爲什麼許多他的同事要畏懼他。部分的理由也許是他不尊重一般承認的意見，或一般接受的做事方式。一切事情他都希望把他認爲不好的去除掉，並在全新的基礎上重建起來。他一定尋求在哲學中做這。我猜想他的計畫是那樣技術和有權威，因此必定嚇倒他的許多哲學同事，因爲這可以很容易被視爲是對他們的工作價值的一種嚴重的威脅。奧斯丁在這一意味上是一個革命者。他有一次告訴我，他認爲學生在其相當後期的生涯以前，也就是只在他們學過若干年的日常語言的哲學相關領域以後，才可以給他們介紹標準的哲學著作和問題。下面這個事例生動地說明奧斯丁性格的這種徹底的一面。學校有一次開會討論學校的建築規劃。在意見紛爭的很長討論校長公館多少應保存和多少應摧毀以後，校長最後轉向請教奧斯丁，他認爲這個建築該如何處理。奧斯丁直截了當嚴肅地說：「把它夷爲平地。」

在牛津的一年以後，我只再看到奧斯丁兩次。1957年夏天我到英國渡假時，有一天我和他的家人一起吃午餐。1959年一月，從加州柏克萊回牛津，奧斯丁停留在普林斯頓大學做一個演講，我和他見了面。但是這最後一次見面，對我個人來說，是很深沉的令人不滿。我們沒有時間重建舊日的交流；我們沒有五分鐘單獨相會的時間。我們好像是陌生人似的，雖然我們都知道這不是事實。次年二月裏的某一天，在課間匆忙吃午餐的時候，我無意間聽到一位同事跟另一位說：「你知道奧斯丁將死於癌症嗎？」在這之前，我絲毫沒有聽到他生病的事。事實上，這報告有一點不正確；因爲他已經死了。

奧斯丁在我生命中至少起兩種作用：他是一位老師，並且是一位朋友。我想當做我的老師，我能夠相當客觀來觀察他。當做老師，他對我的影響有好的，也有壞的。除了我從他那裏學到的許多可靠的眞理以外，奧斯丁令我覺察到和尊重字詞意義的精緻區分。十分一般的說，他爲我建對立語言使用(因而在思想)中高標準的精確和正確，這當對我不負責誇大的天生習性是有益的檢核。在壞的影響部分並不是奧斯丁的錯；這個壞影響是，我感到有太長的時間完全在他的支配下，我變成他的信徒。這是說我有接受他所說的東西的傾向；我接受它主要並不是因爲論證或支持的根據，而僅僅是因爲他說它。例如，在感官知覺方面，我想的好像就是：「好，如果奧斯丁反對感覺資料理論，那麼這個理論就不能有什麼。」但是比這還壞的是，我模仿他；我持續太長的時間以我想像他做哲學的方式去做哲學；我應該嘗試用自己的方式去做。這是我自己弱點的一種評量，但也是奧斯丁可敬畏的人格和理知力量的一種評量。

自然，師生之間的關係無法避免影響我們彼此間的個人感情。我幾乎是以一個下級軍官對他所可能尊敬且和藹的司令那樣的方式看他。我不能記起曾以任何名字稱呼他；他叫我做「比查」。奧斯丁對我的情感當然沒有公開表示，但我知道它存在著。他的感情藏在舊式英國禮節拘束之牆後面，但那是一道有裂罅之牆。在我這邊，我認爲我感到一些愛他。不論如何，我知道我從沒有停止想念他。

四、哲學思想的歷史背景

奧斯丁所屬的思想大傳統是經驗論 (empiricism)；這裏所謂經驗論，我們的意思不是指任何特定的學說，也不是僅僅指某種哲學傳統，而是指某種探究方式或心態。在英國理知傳統上根深柢固的是一種對具體性和個別性的感覺，一種對抽象、誇大其詞的概化的不信任，以及一種堅持，卽堅持卽使是玄思的思想也應該繫住在可摸知的日常經驗上。「好，你能够給我舉一個例子嗎？」可以說是這種心態的一種表示。這種心態和某些歐洲大陸的理知傳統，卽所謂理性論 (rationalism) 有明顯的對照。就在具有這種氣質和性質上，而不是主張任何特定的學說上，奧斯丁可以叫做是一個經驗論者。

這種傳統的貴重處是，它鼓勵嚴格的清楚和精確的標準。它之為貴重是，因為清楚的思想本身比不清楚的思想好，而且在清楚的思想中錯誤容易暴露出來。

在十九世紀末葉，哲學上有一個重要的轉捩點，這個轉捩點提供經驗論的氣質和特徵一個新的聲調。我們知道，自十七世紀中葉笛卡兒時代以來，哲學的導向在知識論。對世界的性質、人心等等，有種種事實或設想的事實。在哲學中有關這些事實的我們知識的可靠性問題，被提出來質問。這些問題的基本要點是我們知道什麼，以及如何知道。但自十九世紀末葉德國哲學家和邏輯家弗列格（G. Frege，1848-1925）以後，這個導向改變了。對弗列格來說，思想的意義（meaning）和分析（analysis）才是哲學的中心和基本問題。

這個新的導向反映在二十世紀兩個主要的英國哲學家穆爾（E. Moore）和羅素的著作上。在他們之前的一段期間，英國多少籠罩著諸如布萊德雷（F. H. Bradley，1846-1924）和格林（T. H. Green，1836-1882）等人的觀念論，穆爾和羅素以不同方式反擊他們。在穆爾，他再肯定觀念論者否定的一些常識的信念，例如，他肯定在心之外有一個物理世界，這物理世界包含一些分離的項目。穆爾堅持，雖然這種信念不能有意義地質問，但其分析是可以質問的。因此，他把分析這些信念所投射的語言，也就是去解釋這種語言和給予這種語言以意義，是他的哲學工作。羅素的關懷只有部分類似。他也想去堅持「**實是**」(reality）以及世界的多樣性，但是他不認為對常識所肯定的每樣東西都可以辯護。因此，以精確和無歧義的數學語言當他的典範，他希望構作一種能夠適當地反映世界結構的語言。

穆爾和羅素把語言的研究突顯在哲學中，但是在穆爾，他強調的是再肯定常識的語言，而在羅素，他強調的是常識語言的改造。從他們激發後來哲學家對語言的探究，這種不同就更加大了。依羅素這一方向研究的可以叫做**替換語言哲學** (alternative language philosophy)；以這種方向研究語言的哲學家有卡納普 (Carnap)、塔斯基 (Tarski)、蒯英 (Quine) 和戴維森 (Davidson)。反之，穆爾研究的是**日常語言哲學** (ordinary language philosophy)；萊爾 (Ryle)、史陶生 (Strawson)，後期的維根斯坦，以及奥斯丁就在做這種研究。

第二章　奧斯丁的做言理論及其哲學背景

一、做言理論的要點與哲學背景

在前面自序中，我們已經說過，奧斯丁正面提出的哲學理論中，以做言（performative）和說話做行（speech acts）這兩個理論最著名。在本章裏，我們要討論他的做言理論❶。

奧斯丁說，在傳統上被文法家歸類爲敍說（statement）的講話（utterances），實際上可區分爲兩種在性質上很不同的東西。他把這兩種分別叫做敍境講話（constative utterances）或簡稱爲敍言（constative），和做行講話（performative utterances）或簡稱爲做言（performative）❷。

奧斯丁把有眞假可言的講話，叫做敍言（constative）。例如：「地球是圓的」，「維根斯坦是臺灣的哲學家」，和「阿土喜歡阿蘭」等等都是敍言。但是他說，有些講話雖然具有傳統文

---

❶ 奧斯丁在下面三項著作中討論這個理論：(1)《如何拿話做事》，第一講到第七講；(2)〈做行講話〉（Performative Utterances），此文收在他的《哲學論文》；(3)〈做言與敍言〉（Performative-Constative），至少有下列三本文集收有此文：卡頓（C. E. Caton）編的《哲學與日常語言》（*Philosophy and Ordinary Language*）；歐舒基（T. M. Olshewsky）編的《語言哲學問題》（*Problems in the Philosophy of Language*）；塞爾（J. R. Searle）編的《語言哲學》（*The Philosophy of Language*）。

❷ "constative"（敍言）和 "performative"（做言），都是奧斯丁自己造的字。

法上敍說的形式，然而我們不能說它爲眞或爲假的。例如，下面這些就是這種講話❸：

(1)「我命名這船爲『自由號』」(I name this ship Liberty)——像某一個人在爲一艘船的命名儀式上，把瓶子向船首擲碎那時的講話。

(2)「我的手錶遺贈給我的兄弟」(I give and bequeath my watch to my brother)——像某人在做遺言時的講話。

(3)「我們歡迎你」(We welcome you)——像一羣人在一個歡迎會上的講話。

(4)「我答應十點和你相見」(I promise to meet you at ten o'clock)——像某人和人相約時的講話。

(5)「你是畜生」——像某人在駡一個人時的講話。

依奧斯丁的說法，講話 (1) 是某一艘船命名儀式的一部分，而不是有關該船命名的敍說或描述。講話 (2) 是某人在做遺言，而不是報導或描述他的遺言。講話 (3) 是一羣人在做歡迎，而不是在報導一個歡迎。講話 (4) 是某人在做答應，而不是在報導他的答應。講話 (5) 是某人在駡人，而不是報導他的駡人。以上這些話都沒有眞假可言。因此，譬如，不管被駡的人是不是畜生（當然不是，因爲被駡的人一定是人），講話 (5) 是在駡人。奧斯丁把以上這些講話，稱爲做言 (performative)，用來表示它們是在做一些什麼或履行什麼行動，而不是這些履行的報導或描述。

以上是奧斯丁的做言理論的要點。在詳細討論這個理論以

---

❸ 這些例子中有的附有英文，這是爲以後討論的需要。

前，讓我們看看它產生的哲學歷史背景。依奧斯丁自己的說法，有兩個哲學運動影響他的想法。那就是「檢眞」(verification) 運動和「語言用法」(use of language) 運動❹。

(A) 檢眞運動

二十世紀的二〇年代和三〇年代，以奧地利維也納大學爲中心形成一個所謂維也納學團 (Vienna Circle)。這一學團徵定了所謂邏輯實證論 (logical positivism) 的哲學。以石里克 (M. Schlick) 爲中心人物，這個學團先後包括了卡納普 (R. Carnap)、菲格爾 (H. Feigl)、戈代爾 (K. Gödel)、漢恩 (H. Hahn)、紐拉特 (O. Neurath)，和魏斯曼 (F. Waismann) 等人。

邏輯實證論深深受了維根斯坦 (L. Wittgenstein) 早期哲學，也就是 1921 年出版的《邏輯哲學論說》哲學的影響❺，尤其是其著名的檢眞原理 (verification principle)。維根斯坦在《論說》中斷然的說❻：

> 在哲學著作中看到的大部分命題和問題不是假的，而是意義空洞的。因此我們不能對這種問題給任何答案，而只能指出說它們是意義空洞的。哲學家的大部分命題和問題，產生自我們對我們的語言邏輯未能了解。

---

❹ 《哲學論文集》，頁 233-234。

❺ 維根斯坦：《邏輯哲學論說》(*Tractatus Logico-Philosophicus*)，以下簡稱《論說》。

❻ 《論說》，4.003。

邏輯實證論者不但基本地接受維根斯坦所謂的意義空洞的斷語，並且進一步展開怎樣的命題才意義不空洞、才有意義的問題。他們提出的檢眞原理說，一個命題的意義 (meaning) 是這一命題的檢眞方法所形成的，也就是觀察或經驗顯示它爲眞或爲假所形成的。除了邏輯命題以外，任何在原則上不可由觀察檢眞的命題，就因爲這個不可檢眞的事實，而缺少意義。根據這個檢眞原理，傳統的許多形上學的命題和規範倫理的命題，要被判定爲意義空洞的語句，而被叫做擬似命題 (psedo-proposition)。

維根斯坦的《論說》和邏輯實證論者都認定，語言的唯一目的，或者說語言的基要目的，是敍說事實或報導事實。語言中眞正算數的部分是「認知」(cognitive) 部分。簡單說來，語言的目的是傳播可爲眞或爲假的事項。再說，他們把語言的元素——即語詞、語句和命題——當作代表事物或可爲眞假的東西來處理；也當作是說話者或聽話者的行動和意圖以外的東西來處理。這些認定，在二十世紀三〇年代的後期，以及尤其是在二次大戰以後，受到強烈的質疑。說來也頂有趣的，其中質疑最力的竟是維根斯坦自己，後期的維根斯坦。

(B) 語言用法運動

維根斯坦在 1945 年寫成的《哲學探究》中非常有洞察力的說[7]：「敍說或描述事實只是我們拿語言來做的數不盡的事項之一而已；語言元素的意義不在它們和什麼之間的關係產生，而在

---

[7] 維根斯坦的《哲學探究》(*Philosophical Investigations*) 是在他 1951 年過世後的第二年卽 1953 年首次出版。此書共分兩部。部一在 1945 年寫成，部二在 1947 至 1949 年間寫成。

我們在使用它們的情況中產生。」他說：「語言是一種工具。它的概念是工具❽。」又說：「對**一大類**我們使用『意義』(meaning) 一詞的情況——雖然不是全部——來說，意義可以這樣解釋：一個字詞的意義是它在語言中的用法❾。」

維根斯坦又非常有洞察力的說：

> 但是語句的種類有多少呢？比如說，斷說、問句和疑問句？——有**無數種**：我們稱之爲「符號」(symbol)、「字詞」、「語句」的，有無數種不同的用法。這種多樣性並不是一旦定了，就固定的東西；新的語言種類，或是如同我們可以說的，新的語言遊戲會出現，而其他的會廢退而被遺忘❿。

他接著舉出下列語言遊戲的多樣性的例子⓫：

> 下命令，以及服從命令——
>
> 描述一個項目的外觀，或者提出它的度量——
>
> 從一個描述（繪圖）構作一個項目——
>
> 報導一件事——
>
> 玄思一件事——
>
> 形成並且檢試一個假設——

❽《哲學探究》，§ 569。
❾ 前書，§ 43。
❿ 前書，§ 23。
⓫ 前書，§ 23。

用表格和圖解提出一個實驗的結果——

編一個故事；然後讀這個故事——

演戲——

唱片段的歌——

猜謎——

編一個笑話；然後講這個笑話——

解決應用算術裏的一個問題——

從一種語言翻譯成爲另一種語言——

詢問，感謝，詛咒，問候，祈禱。

在這裏，維根斯坦以例子舉出比從來任何文法學家和哲學家舉出過的更多種的語言用法。

二次大戰以後，語言用法的哲學學說，也就是字詞的意義產自說話者和聽話者的情境和意圖，以及除了描述事實以外，語言還有許許多多種其他不同的用法的學說，如雨後春筍一般，層出不窮。所謂日常語言哲學或牛津哲學就是其中大主流。雖然各家都熱烈討論語言用法，可是對「用法」（uses）一詞的觀念，各家可能有很大的差別⓬。然而，他們有一個共同的認定，那就是，語言元素的意義與該語言在具體使用中的情況，以及說話者和聽話者的行動與意圖，有密切關聯。

現在讓我們看一看，奧斯丁對這兩個語言哲學運動的反響。首先，從哲學思想發展史的觀點看，對檢眞運動來說，奧斯丁是

⓬ 比查（G. Pitcher）在他的《維根斯坦哲學》中，對語言「用法」的各種觀念有很好的討論。參看頁 228-254。

在這個運動外面，受到這個運動衝擊和影響的人。但是，對語言用法運動來說，他是這個運動裏面的參與者，而且是其中主要領導者之一。

對檢眞運動，奥斯丁評論說：

> 這個新探進做了許多好東西； 許多可能爲意義空洞的東西、被發覺是如此。我認爲並不是所有各類意義空洞的東西，都已經被適當的歸類。也許有些被當做意義空洞而摒棄的東西，並不是眞正意義空洞的；但是，這個運動，卽檢眞運動，在其可及範圍內，仍然是很傑出的⑬。

從這我們可以看出，奥斯丁是肯定檢眞運動的。他也認爲被檢眞運動判定爲意義空洞的說話，有的確實是意義空洞的。我們可以說，在奥斯丁看來，這類說話不但沒有「有眞假可言」這種意義，而且從他的做言與敍言的區分觀念看來，也沒有其他在哲學上值得討論的什麼意義。可是有些被檢眞運動判定爲意義空洞的講話或敍說，奥斯丁認爲實際上並不是毫無「任何意義」。這些有「其他意義」的講話或敍說，跟有眞假可言的講話或敍說，一樣有哲學上討論的意義。這是他和檢眞運動者不同的地方。

檢眞運動的衝擊引起四面八方的反響。我們認爲在哲學上最具建設性一方的反響，是語言用法運動。這個運動最具代表性的人物是後期的維根斯坦和奥斯丁。後期維根斯坦所揭示的「無數種的語言用法」和奥斯丁的「做言理論」和「說話做行」(speech

---

⑬　《哲學論文》，頁 233-234。

act）論，都可以說是在檢眞運動的衝擊下反省的產物。

通常我們把講論 1921 年出版的《邏輯哲學論說》哲學時期的維根斯坦，叫做前期維根斯坦；而把講論 1953 年出版的《哲學探究》哲學時期的維根斯坦，叫做後期維根斯坦。

維根斯坦《論說》哲學的某些重要觀點，譬如前面引述的命題意義空洞的觀點，是檢眞運動直接而重要的思想根源。檢眞運動是這些觀點的一種詮釋和發展。我們知道，後期維根斯坦的《哲學探究》哲學，基本上是對他自己前期《論說》哲學的一種反動，同時也是對檢眞運動的一種批判。但他在《哲學探究》中說：

> 問一個命題是否可以和怎樣可以檢證，只是一種特殊方法問：「你是什麼意思？」它的答案是對命題文法的一個貢獻⑭。

這些話看起來後期維根斯坦也是一個檢眞運動者。其實未必然，因爲他並未說，不能檢證的命題是無意義的，而這是檢眞運動的一個重要持題。

奧斯丁的做言和說話做行論，除了是受檢眞運動的反響以外，在正面上顯然更受後期維根斯坦的語言有無數種用法的影響。在對前者的反響中，奧斯丁開創了語言用法哲學研究的先河。在後者影響下，增強了他進一步建造語言用法的某種一般理論。奧斯丁的做言和說話做行論，就在這種特殊的哲學背景下產

---

⑭ 《哲學探究》，§ 353。

生出來。

奧斯丁說:

> 因此人們開始問，那些被當做敍說處理而有被摒棄之虞的一些東西，是否眞的設計做敍說的。它們也許不是意圖報導事實，而是要以某種方式影響人們或發洩感情⑮？

他也說:

> 許多揷在外觀爲敍說中的特別複雜的語詞，並不充做表示要報導的實是 (reality) 中一些特別附加的特色，而是表示（不是要報導）做這些敍說的所在環境，或……⑯。

他再說:

> 依這個線索，人們現在就採取一個新的口號，卽「語言的不同用法」的口號。舊式的探進，卽舊的敍說式的探進，有時候甚至被稱爲是一種謬誤了，卽描述謬誤(descriptive fallacy)⑰。

這裏所謂描述謬誤，是指把所有在文法上具有敍說形式的語句和講話，都當做是描述事實的想法。

---

⑮　《哲學論文集》，頁 234。
⑯　《如何拿話做事》，頁 3。
⑰　《哲學論文集》，頁 234。

奧斯丁上面這些話告訴我們，在檢眞運動的衝擊下，促使他去檢討並發現一個具有敍說形式的講話，在沒有有眞假可言這種「意義」下，可能具有其他種種在哲學上有意義的「意義」。那麼，這些意義可能是什麼呢？這是奧斯丁要探求的問題。

在另一方面，奧斯丁對他自己身在其中的語言用法運動，也有不滿意的地方。他認爲，人們易於乞求所謂新的語言用法，來解決哲學的困惑，但卻沒有給這些用法提出一些說明架構。他說，我們不要對所謂無數的語言用法感到不知所措，也不要說一說有無數的語言用法就算。他說：

> 誠然有許多語言用法，這毋寧是一件憾事，當人們心想幫助他們解除這個、那個，或某一個著名的哲學糾纏時，他們就易於求助一種新的語言用法；我們更需要一個架構，在其中討論這些語言用法；而且我也想，我們不應太容易感到失望，而像人們那樣易於談論無數種的語言用法。……卽使如有一萬種的語言用法，我們也確能遲早把它們全部列舉出來。這個數目畢竟不會大於昆蟲學家辛辛苦苦去列舉的甲蟲類的數目⑱。

儘管檢眞運動和語言用法運動有其缺點，但奧斯丁說：

> 無論如何，沒有人可否認的，它們在哲學中影響一大革命，而許多人也許會說，在哲學史上最有益的革命⑲。

---

⑱ 前書，頁 234。
⑲ 前書，頁 234-235。

奧斯丁就在這樣的特別哲學背景下，展開他的做言和說話做行論。在下面各節中，我們將繼續討論奧斯丁的做言理論。

二、做言得體的必要條件

在傳統文法上我們看到，問句、命令句和感嘆句等形式的語句，不是要用來，或者更嚴格說，主要的不是要用來描述事實或報導事實；這是大家都知道的。但是，在具有敍說（statement）形式的講話或語句中，有的主要也不是要用來描述或報導事實，而是要用來履行某種行動或做一件事；這一點向來大家恐怕就沒有注意到了。奧斯丁的做言理論的用意之一，就是叫大家要注意這一點。爲了討論的方便，奧斯丁還特別造一個字 “constative”（敍言），用來稱指那些用來描述或報導事實，而具有敍說(statement）形式的講話或語句。因此，敍言是有眞假可言的敍說。

這樣，依奧斯丁的做言（performative）理論，在文法上具有敍說形式的講話，有兩個重要的類別，即敍言和做言：敍言是有眞假可言的講話，是用來描述或報導事實的；做言是履行某種行動的講話，是用來做（doing）某一事的，它本身沒有眞假可言，但是一個做言可能「意味著」(implies）一些別的爲眞或爲假的敍說。

在展開他的做言理論時，有一個問題奧斯丁首先當然要問的。那就是，我們常常拿「眞假」來評定一個敍言，那麼，我們有沒和眞假相當的觀念可用來評定做言呢？奧斯丁提出得體（happy）和不得體（unhappy）來評定做言。

試看下面的講話：

我命名這艘船爲「自由號」(I name this ship Liberty)——像在一艘船命名儀式上，某人把瓶子向船首擲碎時的講話。

依奥斯丁的做言理論，這個講話是某一艘船進行命名儀式的一部分，而不是有關該艘命名的敍說或報導。現在假如這個人没有資格來命名這艘船，則這個做言——我命名這艘船爲「自由號」——爲無效 (void)。

一個做言可能在某些情況下不令人滿意。譬如，上述使該做言成爲無效的情況——那個做命名的人没有資格去做命名這個情況——就不令人滿意。奥斯丁把這些不令人滿意的情況，統稱爲欠切情況 (infelicities)。說話者在欠切情況下的講話，統稱爲不得體的 (unhappy) 講話⑳。那麼，一個做言要在怎樣的條件下，才令人滿意呢，也就是才得體 (happy) 呢？奥斯丁提出下

⑳ 請注意奥斯丁對「欠切情況」(欠切) 和「不得體」這兩個語詞的用法。「欠切情況」是指引起做言的不令人滿意，亦卽引起做言不得體的那些情況本身，而「不得體」是用來述說那些不令人滿意的做言。一個做言在一個欠切情況下提出時，它必定是不得體的。一個做言不得體時，它必定是在一個欠切情況下提出的。不過，因欠切情況和不得體的做言有上述的相互關係，而講話又是整個說話情況的一部分，因此，「欠切」和「不得體」這兩個語詞，不妨交互使用。奥斯丁在一二地方也這樣使用過。例如，他說："That an act is happy or felicitous in all our ways does not exempt it from all criticism."(在我們各方面都得體或適切的一個做行，並不免於各種批評。)(《如何拿話做事》，頁 42)。又如他說："So here we have a very unhappy situation. But still it is not infelicitous in any of our senses."(因此這裏我們有一個非常不得體的情況。但是它仍然不是任何我們意味的欠切……。)(前書，頁 43。) 又如他說："Performative utterance on the other hand were to be felicitous or infelicitous."(另一方面，做言會是適切或欠切。)(《哲學論文集》，頁 247)。

列六個必要條件:

(A1) 必須存在有一個被接受，而又具有一定約定效果的約定程序；這個程序包括在一定情境下，由一定的人講出一定的話。

(A2) 在某一場合中，特定的人和特定的情境必須適合所求特定程序的要求。

(B1) 這個程序所有的參與者都必須正確地實施，以及

(B2) 完全地實施。

(Γ1) 就如常有的情形，當這個程序是設計給具有一定思想或情感的人使用，或者是設計來對任何參與者啟動一定相因而生的行為時，那麼，參與並且因而求用這個程序的人，必須事實上具有這些思想與情感，而且也必須有意去做這些行為。並且進一步。

(Γ2) 必須實際隨後去做這些行為。

如果我們違背這六條規則之任何一條，我們的做言就會以某一方式而不得體。當然，這些不得體的方式之間可有種種的不同。奥斯丁把所有這些違背的情況，統稱為欠切（情況）。

在詳細說明這些規則以前，讓我們先做個一般說明。我們可把這些規則分為兩類：一類是用羅馬字母A和B標示的四條；另一類是用希臘字母Γ標示的兩條。前一類可以說是規制外在情境 (outward situation) 的，我們可把它稱為外在情境規則；後一類可以說是規制內在 (inward, internal) 或精神情境的，我們可把它稱為內在情境規則。根據奥斯丁，如果我們違背外在情境規則，則我們想要去實施的行動，就不會有結果，或不會達成。他把這種欠切叫做未成 (misfires)。在另一方面，如果違背內在

情境規則，則雖然我們想去實施的行動是達成了，可是卻是在不誠實的（insincere）情況下達成的。奧斯丁把這種欠切叫做妄用（abuse）。

例如，一個沒有任命誰爲內閣總理的人對某人說：「我任命你爲內閣總理。」這個做言，也就是這個任命行動，是未成的；因爲這個任命行動違反了規則（A），因爲這個人不適合做任命這個行動程序。又如，假如我不高興張三獲得這個獎金，或我不認爲張三應得它的時候，我對張三說：「我恭喜你。」這時候，我就不誠實，我在妄用某種約定程序。在這裏，我違反了規則（Γ1），因爲我沒有恭喜張三的思想或感情。

依奧斯丁，當一個做言未成時，我們想要求助的程序是遭駁的（disallowed）或錯壞的（botched），而我們想要的（purported）行動是空的（void）或沒效果的。另一方面，當一個做言妄用的時候，則我們聲稱的（professed）行動是虛僞的（hollow），沒有實現的，但不空也不沒效果。這裏所謂空的或沒效果的，並不是說我們什麼都沒有做。其實，我們已經做了許多事項；可是我們並沒有完成想要的行動。

在〈做言一敍言〉裏，奧斯丁除了把欠切分爲未成和妄用以外，還另添背諾（breach-commitments）一種㉑。在這裏，他把

㉑ 參看他的〈做言一敍言〉（Performative-Constative），塞爾（J.R. Searle）編《語言哲學》（*The Philosophy of Language*），頁14-15。在《如何拿話做事》和〈做言講話〉裏，奧斯丁並沒有把背諾看成獨立於妄用的一種。但在〈做言一敍言〉裏，他明白標出這種。後者比前者寫作或講授的日期都晚，依常理我們要依據後者，實際上，在〈做言一敍言〉裏，奧斯丁並沒有使用「欠切」和「未成」兩詞。他在此文裏講的是：無效（nullity）、妄用和背諾，是和做言相應的三種不同的不得體。我們說他把欠切分成未成、妄用和背諾三種，並無不可。

違反規則（$\Gamma 1$）稱爲妄用，而把違反規則（$\Gamma 2$）稱爲背諾。這種分法是他前此沒有做的。背諾應否看成獨立於妄用的一種欠切呢？等我們以後說明規則（Γ）時再討論。

其次，我們要弄清楚違反規則（A）和規則（B）的一般分別，也就是未成的兩種可能分別。在違反規則（A）的兩種情形，就有程序誤求（misinvocation）的情形。這種誤求，或是因爲沒有這種程序存在，我們誤以爲有而求助於它；就是因爲所求程序不能以所用方式來應用它。例如，某人偷了別人的東西，後來到一所教堂，在牧師的陪伴下向神「自首」說：「神啊！我偷了張三的手錶，我懺悔，我願意接受神和法律的審判。」至少就臺灣的刑法及有關的法律說，只有向檢察官或司法警察官自首的程序，沒有向神或牧師自首的程序。因此，在這裏這個人的「這個自首」是一種誤求。又假如，這個人請他的朋友向檢察官或司法警察官「代他自首」，則由於自首必須親自去做，因此他不能請人「代他」去做，因此這種「自首」也是一種誤求。不論上述那一種誤求的自首都不能產生自首的效果，譬如「必減輕其刑」的效果。奥斯丁把違反規則（A2）的誤求叫做誤用（misapplication）。所謂誤用是指所求的程序確實存在，但卻不能依想要的方式去應用。譬如，依臺灣有關法律的規定，犯罪者的確有向檢察官或司法警察官自首的程序存在，但必須犯罪者親自去向他們自首，不能請別人代爲自首。

至於違反（A1）的要求，奥斯丁說他還沒有找到好的叫法。他曾把它叫做「無玩」（non-play），後來放棄這個叫法[22]。我們不妨把它叫做「幻用」。譬如，前面舉的向牧師或神「自首」，

---

[22]《如何拿話做事》，頁 17-18、31。

就是一種幻用。和規則（A）對照起來，違反規則（B）的情形是這樣的：所求程序都對，而程序也都可以應用，但是我們弄糟了儀式的實施，而產生一些糟糕的結果。奧斯丁把違反規則（B）叫做誤施(misexecutions)。在誤施的情況下，所想要的行動會因儀式舉行中的瑕疵（flaw）或障礙（hitch）而有汚損（vitiated）。譬如，在國會議員宣誓就職時，突然有人把監誓的法官的臉用黑布遮起來，使他不能看到正在宣誓的國會議員。

現在我們把欠切情況表列如下㉓：

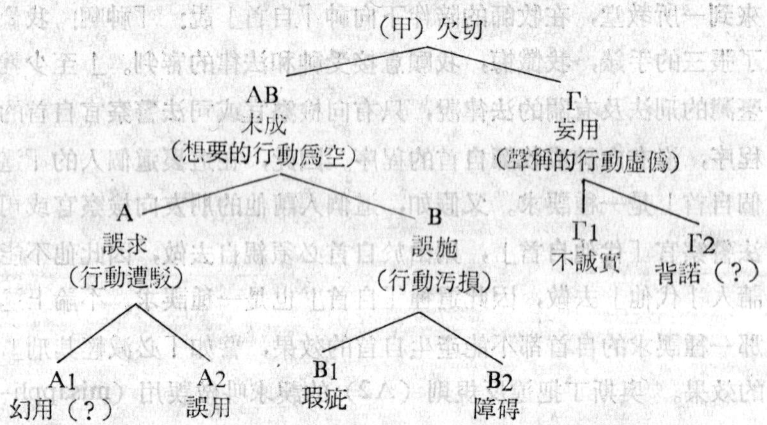

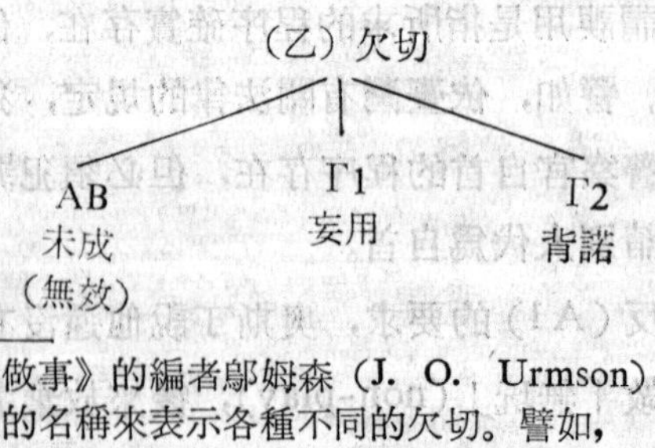

㉓ 《如何拿話做事》的編者鄔姆森（J. O. Urmson）說，奧斯丁時常使用其他的名稱來表示各種不同的欠切。譬如，（A1）non-plays；（A2）misplays；（B）miscarriages；（B1）misexecutions；（B2）non-executions；（Γ）disrespects；（Γ1）dissimulations；（Γ2）non-fulfilments, disloyalties, infractions, indisciplines, breaches。參看此書，頁 18之❶。

（甲）表是奥斯丁所列的，但在（A1）和（Γ2）這兩個地方，他只列了“？”號。作者現在添上名稱。（A1）的「幻用」是作者給的；（Γ2）的「背諾」是依奥斯丁的講法，作者添上去的。（乙）表是作者列的。這是欠切的三分法。（乙）表的其他地方應和（甲）表的一樣。

奥斯丁對這些欠切提出下面三個問題：

（1）欠切這個概念應用到那種「做行」（act）[24]？

（2）這種欠切分類到底多完全？

（3）這些欠切類別彼此不相容嗎？

讓我們依次討論這些問題。

（1）欠切應用到那種做行？

奥斯丁說，我們在此討論的做行雖然是講話做行（acts of uttering words），或者至少其部分是講話做行，但是，欠切顯然是所有具有儀式特徵的做行承有的一種毛病。也就是說，欠切是所有約定俗成的做行的一種毛病。但這並不是說，每種儀式的做行，都可能遭受每種形式的欠切。這樣，也並不是說，每一種做言都可能遭受每一種形式的欠切。例如，就臺灣的民法以及社會習俗來說，一個涉及結婚的做言，不會因違反規則（Γ2）而會欠切。也就是說，一個已做過結婚儀式的人，不會因後來沒有履行婚姻義務，而使這個儀式無效。

---

[24] 在討論說話做行（speech acts）論時，有的學者要討論「做行」（acts）、「行動」（action）和「行為」（behavior）這三個概念的不同。為了在中文語詞中能有區別，因此，至少在討論諸如奥斯丁的做言和說話做行論中，我要小心的把“acts”譯為「做行」，而把「行動」和「行為」兩詞分別留給“action”和“behavior”。

奧斯丁說，許多落在倫理學或法律上的做行，與我們這裏講的欠切情況有關。上段所舉的一些例子，就是涉及法律上做言的欠切。讀者也許可以舉些倫理學中的例子。

以上所講的，是把欠切當做做言的徵性。那麼，欠切可應用到和做言相對的敍說嗎？奧斯丁說，有些敍說並不恰切爲假，也不「矛盾」，而是荒怪。例如，一些稱指不存在的東西的敍說，譬如，「現任法國國王是禿頭的」。奧斯丁認爲，這個敍說和一個沒有手錶的人做的遺言：「我要把我的手錶遺贈給我的兄弟」——這是一個做言，會遭受類似的欠切。由於這兩個敍說中所稱指的「現任法國國王」和「我的手錶」並不存在，所以這些敍說與其說假，不如說是空的（void）㉕。

(2) 這種欠切分類多完全？

這可就下面三點來說：

（i）首先，在講做言時，我們無疑在「實施行動」（action）。當做行動來看，做言會遭受所有的行動都會遭受的某一層面的不滿意（unsatisfactoriness）。這一層面的不滿意，和這裏討論的欠切有所不同。例如，一般的行動可能在威脅或意外情況下做的，或者可能在錯誤或無意下做的。這類行動我們一定不願意說它是完滿做成的，它一定有某種缺失。但奧斯丁說，他這裏討論的欠切並不涉及這種缺失。他認爲，我們可以提出某種更高層次的更一般的欠切論，而把這裏討論的欠切，以及其他特色的「

㉕ 這是奧斯丁處理沒有稱目（referent）的稱指詞（referring phrases）的辦法。這與羅素和史陶生（P. F. Strawson）的辦法都不一樣。

不得體」涵蓋進去。

(ii) 其次，當做講話，做言也要承受所有的講話都會感染的某些其他種的毛病。雖然一樣也可提出一種更一般的方式來處理這些毛病，奧斯丁不想在這個欠切表上考慮它們。譬如，他舉例說，假如一個做言是由舞臺上的演員講出的，或者是在一首詩中引進的，或者是自言自語講的，則它會是以「某種特殊方式」爲虛僞或爲空的。在這種情況中，我們並沒有認眞地使用語言；我們是以「寄生」(parastic) 在其正常使用的方式中使用它。奧斯丁要以語言「萎化」(etiolation) 說來處理這種使用。我們現在討論的做言的欠切問題，是在日常情境中講的做言。

(iii) 由所謂「誤解」引起的毛病，這個欠切表沒有涉及。例如，要有一個答應 (promise)，顯然我通常必須要使某人，也許是受答應的人，「聽到」我講的答應，並了解我的答應。如果這些條件有不滿足的，則會產生我是否有答應過的疑慮，而此時我的做行也許只是企圖答應，或者我的做行是空的。

(3) 這些欠切類別彼此不相容嗎?

答案顯然是否定的。這可從兩個意義來說：一個是，一個做言可能同時以兩種方式弄錯。例如，我們可以不誠實地答應一隻猴子，給牠一個紅蘿蔔。這裏除了違反不誠實（規則$\Gamma 1$）的欠切外，還可能因參與者——猴子——的不適當，而違反誤用（規則A2）的欠切。另一個更重要的意義是，我們違反的欠切情況可能「重叠」，而要決定到底違反那一種欠切，可能是隨意定奪的事。

譬如，奧斯丁舉例說，我看到一艘船在造船臺上，走過去搗碎掛在船首的瓶子，宣布說：「我命名這艘船爲史達林號」，並且踢開定盤。但麻煩的是，我不是被選來給它命名的人。我們都會同意：(a) 這艘船並不因此而被命名；(b) 這個命名做言是一件可惡可恥之事。我雖然「完成」命名這船的「一種形式」，但是我的「行動」是「無效」的，因爲我不是一個適當的人，沒有「資格」做命名。另一方面有人也許會說，我的舉止言行令人可惡，甚至我根本沒有依可接受的約定程序去做什麼。這樣，在不同的情況下，我們應如何把欠切加以歸類，是一件相當不容易的事。

三、外在情境與內在情境

在上一節裏，我們已經扼要討論了一個得體的做言必須滿足的六條規則或條件。這六條規則中，有四條規制外在情境，有兩條規制內在情境。在本節裏，我們要進一步討論這些規則。

(1) 外在情境

首先讓我們討論規則（A1）：

（A1）必須存在有一個被接受，而又具有一定約定效果的約定程序；這個程序包括在一定情境下，由一定的人講出一定的話。

這條規則的後一部分，只是爲把規則限制到講話的情況而設的，原則上並不重要。

這條規則的描述中包含「存在」和「被接受」兩個用語。現在我們可以很有理由的問：除了「被接受」以外，是否可有任何意義的「存在」；也就是說，是否存在著沒有被接受的程序？也有理由問:「在(一般)使用中」〔be in (general) use〕是否不比「存在」和「被接受」好? 如果是的話,我們就不應說「(a)存在,(b) 被接受」。

首先讓我們來看看「被接受」。假如有人講出某一個做言,而因爲所求程序**沒被接受**,這個做言被歸類爲未成,那麼,我們可以假定,沒接受這個程序的是說話者以外的人(至少如果說話者是**認眞**說話的話,他是接受這個程序的)。例如,在我們臺灣這個社會中,有一個人和他太太說:「我和妳離婚。」在這裏,我們可以說:「但他並沒有(有效地)和她離婚,因爲我們(很可能包括他太太)不承認,只有一方說離婚就離婚的程序。」在某些宗教社會中,認爲婚姻是不可解離的,這樣就根本不承認有離婚程序存在。

當然,如果我們**從未**承認有任何「這種」程序,也就是做某一事情的任何程序存在,則問題顯然就比較簡單。可是一樣可能的,在某種情況下我們接受某一程序,但是在任何其他情況下**不**接受這種程序。在這時候,我們就常常會不知道要把一個欠切算在(A1)類好,還是算在(A2)類〔甚至(B1)或(B2)類〕好。例如,在某一個集會中,當我們要選邊時,你說:「我選阿蘭爲我這一邊。」可是阿蘭卻嘀咕說:「我不玩。」那麼,阿蘭有沒有被選爲一邊呢? 無疑的,這個情況是一個不得體的情況。我們可以說,你並沒有選阿蘭;這或者是由於我們並沒有你可選不在玩的人來玩的約定程序,或者是由於在這情境中,阿蘭不是一個適合挑選程序的對象。

再如,在一個荒島上,你也許會對我說:「你去撿柴」;而我可能說:「我不接受你的命令」,或者說:「你沒資格給我下命令」。在這裏，當你想在一個荒島上「表現你的權威」時，我不接受命令。這和在船上你是船長時你眞正具有權威不一樣。

現在我們可把上述例子拿規則（A2）（誤用）來看。說出某些話的這個程序是可以的，而且是被接受的，但是所求的情境或人則有錯。當我挑選的對象是「一個玩者」時，「我挑選」才合程序。當下命令的人是「一個命令者」或「一個有權威者」時，命令才合程序。

或者，我們可以拿規則（B2）來看看。在這裏，所求程序沒有被完全實施出來，因爲阿蘭並沒有接受你的挑選，所以，在這裏，所求程序並沒有由所有參與者完全實施出來。

這個例子似乎顯示，對某一特定的事例，我們會遇到不知把欠切歸於那一類的困難。可是奥斯丁認爲，在原則上這種困難並不要緊。因爲，我們可經由對事實的同意，或者經由新定義的引進，來解決這種困難。奥斯丁認爲，重要的是我們要清楚下面兩點:

（甲）就違反規則（B2）來說，無論我們怎樣處理所求程序，有些人仍然可能會拒絕它。當有人拒絕所求程序時，固然我們可以把它劃歸違反（B2），但這個程序之有人拒絕，是一個事實。因此，所求程序之**被接受**，是一個很重要的觀念，把它明白列陳出來是有用的。

（乙）一個程序之**被接受**比僅僅**事實上通常被使用**，其牽涉事項要來得多。在原則上，任何人都可拒絕任何程序。一個人卽使迄今已經接受某一種程序，他也可不再接受它，或者在某一特定情況下不接受它。又我們是否可把「被接受」定義爲「通常被使用」，是一個問題。因此，所謂**被接受**，是一個相當複雜的問題。

其次，讓我們看看，和是否被某一羣體接受這問題不同的，所謂有時候一個程序也許甚至不存在，是什麼意思。這可分下面幾點來說:

（甲）一種情形是，某一種程序雖然曾經普遍被接受過，但是它不再被普遍接受了，甚至不再被任何人接受了。例如，西方過去盛行的挑戰決鬪，現在這個程序就「不再存在」了。

（乙）我們也可以創造一種程序。但是，除非得到相當普遍的認識和接受，否則它不可能是一種約定的程序，這樣它就並不存在。例如，侮辱人是一種約定程序，這種程序可用做言來完成。譬如，有一個人在大衆面前對另外一個人說:「你是混蛋」。這當然完成一種侮辱的約定程序。現在，假如有人創造並使用:「我侮辱你」這種程序來侮辱你。但由於沒有人接受過這種侮辱程序，因此你不能使用它來達成侮辱的效果。因此，這種侮辱程序不存在。

（丙）有一種更常見的程序不存在的情形。也許我們可以把它叫做「程序含混」的問題。所謂程序含混，是指一種程序的應用要擴及到什麼範圍不明確的問題。這是任何程序都具有的內在的性質。譬如，我們通常的道歉程序不適用於泥鰍，這當然沒問題；可是適用於狗嗎？向狗道歉的程序存在嗎？

其次，讓我們看看規則（A2）。

（A2）在某一場合中，特定的人和特定的情境必須適合所求特定程序的要求。

前面講過的，違反這條規則的欠切叫做誤用。譬如，當你已經被任命為某一位子，或者當別人已被任命為同一個位子，或者我沒有資格去任命誰擔任這個位子，或者當你是一條馬時，如果我說：「我任命你（擔任這個位子）」，那麼我就誤用任命程序。

要分別所謂「不適當的人」和「不適當的情況」，並不十分困難。誠然，「情況」一詞顯然可以推廣到涵蓋所有參與者的「性質」。但是，人、對象和名稱等的不適當，是「沒資格」或「資格不合」的問題。這和對象或「做者」為錯誤的種類不同。不過，這種分別是粗糙而易於消除的。然而，在某些場合，譬如在法律或法庭上，這種分別不是沒有重要性的。因此，我們要把下面兩種情況加以分別。那就是，一個父親給一個錯誤的嬰孩（即不是他的嬰孩而誤以為是他的）取一個正確的名字，以及他說：「我給這個嬰孩取名為 2704」。後者包含了某種類別錯誤，因為通常我們不會拿一個數字來給嬰孩取名（在婦產科育嬰室中暫時拿數字給新生兒標號，另當別論）。前者其不適當只是資格問題。

其次，讓我們討論違反規則（B），也就是誤施的情形。先討論規則（B1）。

（B1）所有的參與者都必須正確地實施所求程序。

違反這一規則就有瑕疵。有一個適合於人和情境的程序，但不是所有的參與者都正確地實施這個程序時，便違反這一規則。在法律上更容易看到這種例子。例如，當事人一方為未成年人，其他都正確地照結婚儀式進行，但如果該未成年人未得監護人同意時，便違反這一規則。當然，我們也可把未得監護人同意的未成年人，看做不適格的當事人，而認定是違反規則（A2)。

再看規則（B2)。

（B2）所有參與者都必須完全地實施所求程序。

違反這一條規則叫做障礙。當我們企圖去實現一個程序，但做行不全時，便有障礙。例如，我要打一個賭說：「我賭你兩百元」，但如果你沒有說：「好」、「賭你」、「吃你」，或相當的講話或行動，那麼，我這個打賭的做言就不完全。當然，在日常生活中我們常常允許某種程度的模糊在程序裏，否則什麼事都做不成。

當然有時候一個程序，是否需要更多的什麼，會不明確。例如，我要給你一個禮物，是否需要你去接受，我的贈送才算完成？當然，在正式事項上是要接受行爲的。譬如，在贈送榮譽博士學位上一定要有贈送和接受儀式。但是，在日常生活上是否這樣呢？同理，沒有被任命者同意，一個任命程序是否完成，也不明確。這裏的問題是，一個做行可單方進行到什麼程度。同理，一個做行到什麼程度才結束？怎樣一個做行才算完成？這些都是問題。

（2）內在情境

規制內在情境的規則是（Γ1）和（Γ2)：違反規則（Γ1）是不誠實；違反規則（Γ2）是背諾。違反這兩條規則的做言**並不無效**，但卻不得體。

（**Γ1**）就如常有的情形，當一個程序是設計給具有一定思想或情感的人使用，或者是設計來對任何參與者啟動一定相因而生的行爲時，那麼，參與並且因而求用這個程序的人，必須事實上具有這些思想與情感，而且也必須有意去做這些行爲。並且進一步，

（Γ2）必須實際隨後去做這些行爲。

這裏所強調的是感情（feelings）、思想（thoughts）和意圖（intentions，有意）這幾個概念。在一個做言程序中缺少所需的感情、思想或意圖，是不誠實或背諾。

例如下面是不具有所需感情的例子：

當我並不眞正感到欣喜，甚或感到不快時，說：「我恭喜你」。又如當我並不眞正同情你時，說：「我慰問你」。在這裏（外在）情境是良好的，做行也實施了，而且並不無效，但是它實際上是不誠實的。

下面是不具有所需思想的例子：

當我並不認爲怎麼樣是對你最有利的做法時，我說：「我勸你怎麼樣」。又如當我相信他有罪時，說：「我判他無罪」。這些做行並非無效。我是提勸告了，我是做了一個宣判了，但卻是在不誠實的內心中去做。

下面是不具有所需意圖的例子：

當我並不有意去做我答應的事時，我說：「我答應」。又如當我無意去付錢時，我說：「我賭」。

奥斯丁沒有把這裏使用的「感情」、「思想」和「意圖」這些用語當專門用語來使用。他叫我們注意下面幾點：

（甲）這些用語的區別很寬鬆，因此在實際場合，不一定能够很容易區別出來。它們可以結合在一起，而且也常常結合在一起。譬如，當我說：「我恭賀你」時，或者我感覺你做的値得欣

喜，或者我認爲或相信你做的值得欣喜。在答應的場合，我必定有意去實現我的答應；同時，我也必定相信我答應的可以實現。或者我也相信，受答應者相信我的答應對他有利；或者我也相信，我的答應對他有利。

（乙）在思想的場合，我們要能分清楚這兩回事。那就是，我們「眞正認爲」什麼東西會是怎樣怎樣，和我們認爲會是怎樣怎樣的東西「果眞是怎樣怎樣」是不同的。前者產生誠不誠實的問題。例如，當我們說：「我們認爲他有罪」，可是實際上我們並不眞正認爲他有罪時，便有不誠實的情況。這時候，我們在撒謊。後者則與事實的眞假有關，例如，當我們誠實地說：「我們認爲他有罪」，而事實上他是無罪時，我們的認識有錯。類似的問題也會發生在「感覺」和「意圖」上。

如果至少某些我們的思想是不正確的（但不是不誠實），則可能產生不同種的欠切。例如：

(a) 我可能會把事實上不是我的東西（雖然我認爲是我的）贈給別人。我們或許會說這是「誤用」，卽情境、對象、人等等不適合贈與程序。這是因錯誤或誤解而產生的欠切。奧斯丁在他的欠切表上，暫不討論這種欠切。一般說來，錯誤並不使一個做行無效，但也許可使一個做行可原諒。

(b)「我勸（advise）你去做什麼什麼」是一個做言。試看這樣的情況：我勸你去做某一件事，我認爲這對你是有利的，可是實際上卻不利。這個勸告顯然有毛病，奧斯丁認爲，我們不想把這個做行視爲無效，也不想把它視爲不誠實。他認爲我們寧可給它一個完全新的評價。他把它指摘爲「壞的」（bad）勸告，合乎我們講的情況的得體或適合的做行，並不一定可免於其他的指摘。壞的勸告就是一個例子。

(c) 有一類做言奧斯丁把它叫做判決 (verdictives)。例如，當我們說：「我判 (find) 被告有罪」，或者一個裁判說：「三振出局」時，我們和那個裁判就做了一個判決。如果根據證據我們誠實地認爲被告有罪，則這個判決是得體的。但是，我們可能有一個「壞的」判決。這個判決可能**不合理** (unjustified) 或**不正確** (incorrect)。但是，它**不是**我們所論的欠切；它不是無效，也不是不誠實。

第三章　奧斯丁的做言理論及做言的可能判準

一、做言的可能判準

在第二章做言理論的討論中，我們不但認為在日常講話中有做言這一類的講話，而且似乎暗中假定說，我們可以很容易把做言這一類講話從其他非做言講話劃分出來。現在我們要問的，如果可以做這樣的劃分的話，這種劃分的標準是什麼？奧斯丁認為，我們似乎可有兩種語言上的標準形，用來決定一個講話是否是做言。當然，這裏的標準形是就英文而言，能不能適用於其他語言，我們在此暫不管它。由於是就英文而言，因此在這個討論裏，我們要舉英文的詞語和語句為例子。奧斯丁說的兩個標準形是：(1) 以第一人稱、單數、現在、直述、主動動詞開始的講話；和 (2) 以第二或第三人稱（單數或多數）、現在、直述、被動的動詞開始的講話。現在分別討論如下。

(1) 以第一人稱、單數、現在、直述、主動動詞開始的講話

請看下面兩個講話：

(甲) I name this ship Liberty（我命名這艘船為「自由號」）。

(乙) I promise that...（我答應……）。

依我們對做言的了解，我們是把這個講話看成典型的做言

的。在我講（甲）這句話時，我是在做某艘船的命名這回事的。在我講（乙）這句話時，我是在做答應怎樣怎樣這回事的。奧斯丁說，這類做言的（主要）動詞，譬如“name”和“promise”，有一個特色；那就是，這類動詞的第一人稱現在式的使用，與相同的動詞在其他人稱或其他時態的使用，有一種典型的不同。例如，當我講：

（甲）I promise that...（我答應）；

和

（乙）He promises that（他答應）

或過去式的

（丙）I promised that（我答應過……）

時[11]，講話（甲）和（乙）或（丙）有一個基本的不同。依奧斯丁的做言論，當我講（甲）時，我在做一個答應的做行；我並沒有去報導某人或我去做答應的做行，尤其是我並沒有使用“I promise”（我答應）這個用語報導某人去做答應。我是實際使用或拿這個講話去做答應。但是，在我講（乙）或（丙）時，我在報導一個答應的做行。也就是，我使用“...promise...”（…答應…）這個句式，去報導一個「他」現在的答應做行，或者報導一個「我」自己過去的答應做行。

---

[11] 在中文裏，從語句本身我們常常很難看出所要講的是屬於什麼時態的事項。例如，中文「我答應去看他」旣可譯爲英文“I promise to see him”，也可譯爲“I promised to see him”，或可譯爲“I have promised to see him”等等。因此，在涉及時態的考慮上，我們不得不拿具有時態的語文，譬如英文當例子。

(2) 以第二或第三人稱（單數或多數）現在直敍被動的動詞開始的講話

例如:

（甲）You are hereby authorized to hunt and fish in...（憑此照可在…… 漁獵）—— 如在某一執照上所寫的。

（乙）Passengers are warned to cross the line by the footbridge only（行人只得由人行橋通過鐵軌）。——如在路邊警示牌所寫的。

這類講話的特徵是，常常甚至恆可把“hereby”（特此）一詞插進去。這一詞是用來表示這個講話（寫的）是發生警告、授權、許可等等做行的工具。因此，奧斯丁認爲，“hereby”是一個講話，是做言的一個有用的判準。

然而，奧斯丁對做言的上述兩個標準形式馬上進行檢討。他說，如果我們不看這些高度形式化的顯式做言（explicit performatives），則我們必須認識到，以文法上的語氣（mood）和時態當辨別做言的絕對判準，是會失敗的。

舉語氣上會失敗的例子來說。我可以不講“I order you to turn right”（我命令你向右轉），而只講“turn right”（向右轉），來命令你向右轉。我可以不講“I give you permission to go”（我允許你去），而只講“you may go”（你可以去）。我可以不講“I advise you to turn right”（我勸你向右轉），而講“I should turn to the right if I were you”（假如我是你，我應向右轉）。就時態的例子說，在判你越位時，我可以不講

"I give you off-side"（我判你越位），而只講"You were off-side"（你越位了）。同理，我可以不講"I find you guilty"（我判你有罪），而只講"You did it"（你幹的）。

此外，奥斯丁也說，使用一些做言相似的字眼，譬如"off-side"（越位）、"liable"（承擔）等的字眼，我們似乎能够甚至拒絕上面講的支配主動或被動使用的規則。譬如，我可以不講"I pronounce you off-side"（我判你越位），而講"You are off-side"（你越位）。這麼一來，我們也許會認爲，某些字詞(words)也許可以當做做言講話的一種檢試了。也就是說，和利用**文法**不同的，我們可以利用字彙（vocabulary）來當做一個講話是否是做言的一種檢試了。例如："off-side"（越位）、"authorized"（被准予）、"promise"（答應）、"dangerous"（危險）等等，也許正是這類字眼。但是，奥斯丁說這也行不通。因爲:

I. 我們可以不用生效的（operative）字詞而得到做言。例如:

(1) 我們可以不用"dangerous corner"（危險角落），而用"corner"（角落）當做一種警告做行。我們也可不用"dangerous bull"（危險公牛），而用"bull"（公牛）當做一種警告做行。

(2) 我們可以不用"you are ordered to"（你被命令你…），而用"you will"（你要）當做一種命令做行。我們也可不用"I promise to..."（我答應…），而用"I shall"（我要）當做一種答應做行。

II. 我們可以得到講話不爲做言的生效字眼。例如:

(1) 在拳擊賽中，一位觀眾說:"It was over"（結束了），但因爲他不是裁判，因此比賽並不因此而結束。同樣，當我沒有資格宣判你有罪或越位時，如果我講："you are guilty (off-side)"〔你有罪（越位）〕，則因爲我沒有資格做這樣的宣判，因此我這個講話不能算做一個宣判的做言。

(2) 像在"you promise"（你答應）、"you authorize"（你核准）等用語中，"promise"（答應）和"authorize"（核准）並不當做言來使用。

從以上的討論，奥斯丁認爲任何這種文法或字彙的**單一簡單**的做言的判準，都會遇到困難。但是，他說我們也許不是不可能製作包含文法和字彙的一種複合判準，或至少一組簡單或複合的判準。例如，其中一種可能的判準是，凡含命令語氣動詞的講話都是做言。

由於文法上的判準有上述的困難，即有些不具這些形式的講話也可以是做言，奥斯丁說，我們也許會禁不住想說，任何事實上是一個做言的講話，應該可以化約、擴展或分解爲文法上一種形式，即第一人稱現在單數直述主動動詞這種形式。而事實上，這是可以辦到的。例如：

(1) 我們可把"out"(出局)擴展爲"I declare (pronounce, give, call) you out"（我判你出局）。

(2) 我們可把"guilty"（有罪）擴展爲"I find (pronounce, deem) you to be guilty"（我判你有罪）。

(3) 我們可把"You are warned that the bull is dangerous"（你被警告這公牛是有危險的）分解爲"I, John Carte, warn you that the bull is dangerous"（我約翰卡特警告你，這隻公牛是有危險的），或者分解爲"This bull is dangerous"

（這隻公牛是有危險的）、“(Signed) John Carte”（約翰卡特）這種擴展或分解把兩項東西顯現出來：一項是這個講話是做言的，另一項是所做的是那一個做行。奧斯丁說，一個做言講話除非化成這種顯現的做言形式，否則通常也可把它了解爲是一個非做言講話。例如，“It is yours”（那是你的）旣可了解爲“I give it you”（我給你那），也可了解爲“It (already) belongs to you”〔那（已經）是屬於你的〕。後者卽了解非爲做言；而是一個敍言。

奧斯丁叫我們注意一點，那就是，當我們拿第一人稱單數現在直述主動動詞的形式，當做做言和敍言的區別判準時，是就有一定特性的動詞來說的。這個特性是，這個判準形式與同一動詞的其他人稱及其他時態之間，具有某種有系統樣式的一種反對稱（asymmetry）。一個動詞具有這種反對稱性，就是做言動詞的標記❷。

舉例來說明，試比較“I bet”（我賭）和同一動詞“bet”在其他時態或其他人稱中的使用，“I betted”（我賭過）和“he bets”（他賭）不是做言，而是敍言。這些敍言分別在描述我的和他的做行，這每一做行都是由“I bet”（我賭）這個講話做言組成的。如果我講出“I bet”（我賭）這樣的話，則我不在敍說

❷ 按在邏輯裏，所謂反對稱關係（asymmetric relation）是這樣一種關係：關係R爲反對稱恰好如果$(x)(y)(Rxy\rightarrow\sim Ryx)$。也就是說，關係$R$爲反對稱恰好如果一個元素$x$和另一個元素$y$具有關係$R$時，$y$和$x$則一定不具關係$R$。例如，父親關係就是反對稱，因爲如果甲是乙的父親，則乙一定不是甲的父親。奧斯丁在這裏似乎不是在這種嚴格意義下使用「反對稱」一詞。他似乎是在x在什麼什麼情況下怎樣怎樣，y在同一情況就不怎樣怎樣，這種意義下使用「反對稱」一詞。

我講出 "I bet" (我賭) 這樣的話，而是我在實施這個賭的做行。同理，如果他說他賭，也就是，說 "I bet" (我賭) 這話，則他**在賭** (bet) 。但是，如果我講出 "he bets" (他賭) 這話，我只在敍說他講出 (或已講了) "I bet" (我賭) 這話。在這裏，我並沒有實施他的賭做行，那只有他才可以實施的；我在描述他實施賭的做行，但我並沒有我自已的賭，他必須做他自已的賭的做行。奧斯丁說，一般說來，在不是當做顯式做言的動詞上，這種反對稱並不產生，這種動詞並不具有反對稱的特性。例如，在 "I run" (我跑) 和 "he runs" (他跑) 之間，就沒有這種反對稱。"I run" (我跑) 這講話在敍說我跑，而 "he runs" 這講話在敍說他跑。

利用所謂做言動詞的反對稱性和做言判準這些概念，我們似乎可以:

(a) 利用字典把所有做言動詞列舉出來;

(b) 設想所有事實上不具判準形的做言，都可化成判準形;因而，我們可把具有判準形的做言，叫做顯式做言。

現在假定所有做言都可化成判準形做言，那麼，做言與敍言之區分，不是就可經由一種「文法上」的判準獲得解決了嗎? 奧斯丁說，實際上這種文法上的判準並不非常準確，因爲並不是所有具有這種判準形的講話，都可視爲是做言。例如:

(1) 第一人稱單數直敍主動的講話，可以用來描述我習慣上的行爲。例如，"I bet him (every morning) seventy dollars that it will rain"〔我 (每天早上) 跟他打賭七十塊錢天會下雨〕，或如，"I promise only when I intend to keep my word" (只當我有意守信時我才答應) 。這些講話不是做言，它們是用來報導我的習慣行為。

(2) 具有這種形式的講話，可以用來表示「有歷史性的」現在。例如，我可用 "On page 49 I protest against the verdict"（在第 49 頁上，我抗議這個判決）這個講話，來描述我別時別地所做所為。

(3) 有些具有這個形式的講話，可以同時有兩種用法。奥斯丁舉例說，"I call"（我叫做）就是這種動詞。例如，當我說: "I call inflation too much money chasing too few goods"（我把太多的錢去獲取太少的貨品，叫做通貨膨脹）時，這個講話既包含一個做言，因為我在做什麼是通貨膨脹的一個定義；也包含對這個做言定義的自然結果的一個描述，因為在這裏我描述了怎樣做通貨膨脹的一個定義。

(4) 依這種判準形式，我們有把許多或許不把它分屬為做言的式子劃為做言。例如，"I state that"（我敍說……）具有這種判準形式。但是，當我講 "I state that the sun rises in the east"（我敍說太陽從東方升起來）時，我也許不是把這當一個做言，而是當一個敍言，用來描述太陽從東方升起來這個自然現象。這和我講 "The sun rises in the east"（太陽從東方升起來）一樣，都是一個描述事實的敍言。

(5) 在做行與言辭合一的場合，雖然其本身不是做言，也許會產生做言。例如，有人向你講: "I salute you"（我向你致敬）時，他原來是想報導他向你致敬，但他可能就以此向你致敬。這樣的話，"I salute you"（我向你致敬）會變成致敬的代替物，因而變成一個做言。

(6) 有時候未必可以化成做言判準形。例如，我可能講某些話來侮辱你。可是，我們卻沒有“I insult you”（我侮辱你）這種判準公式，因爲我們不能使用講話“I insult you”（我侮辱你）來侮辱你。

(7) 把一個做言化爲判準形時，並不是都不會無所失。例如，“I am sorry”（我對不起）跟判準形的“I apologize”（我道歉）會是完全同一個意思嗎?

二、初式做言、顯式做言及其歧義

我們已經講過，奧斯丁把具有做言判準形的做言，叫做顯式做言（explicit performatives）；把不具有這種判準形的做言，叫做初式做言（primary performatives）❸。例如，“I promise that I shall be there”（我答應我將在那兒）爲顯式做言，因爲這個講話（的主語句）爲第一人稱單數現在直敍主動形式；而“I shall be there”（我將在那兒）則可視爲是一個初式做言，因爲這個講話不具判準形，但可視爲是做言。如果有人講：“I shall be there”（我將在那兒），我們可以問：「那是一個答應嗎?」我們也許會得到：「是的，我答應」這個回答。但也可能得到：「不，我只告訴你我的計畫」這個回答。

奧斯丁說，從語言演進的觀點看，也許可以說，顯式做言必定比某種更原始的講話發展較晚。這些更原始的講話中，必定有許多已經是初式做言。這些初式做言後來當做部分，包含在顯式做言中。例如，“I will”（我要）就比“I promise that I will”（我答應我要）發展較早。奧斯丁說，可能在原始語言中，還不

---

❸ 奧斯丁只用例子來說明什麼是初式做言。有時他也用“inexplicit”（不明顯）或“implicit”（隱式）來叫這種做言。

清楚， 而且也還不可能分清楚， 在我們可能講的各種不同事項中，我們事實上是要講那一項。例如，在原始語言中，單字講話「老虎」或「打雷」，其意思可能是一個警告，一個通報，或一個預期等。奥斯丁認爲，把這種單字講話所具有的各種不同的示意（force）明顯的分辨出來， 是語言後來發展的一種成果， 而且是一種了不起的成果。初式講話會保有在這方面原始語言具有的「歧義」和「含混」；初式講話不會把講話的精確示意明白顯示出來。在社會形式和程序成熟和發展以後，必然會逐漸釐清和分辨這些示意。

奥斯丁說，不要以爲我們**知道**，由於語句的初步使用**應該**是敍說的， 所以**必定**也是敍說的。 他說， 語句的純粹敍說是科學發展所推動的一個目標和理想，而語句的精確性也是科學發展所推動的一個目標 。 但是， 語言本身及其原始階段是不精確的，而且也不顯現的 。 奥斯丁說 ， 語言的精確 ， 使得語句的**意義**（ meaning ）更清楚； 語言形式的顯現， 使得講話的示意更清楚。奥斯丁認爲 ， 顯式做言公式 ， 只是許多相當成功地用來做同一個功能的一個講話設計而已，但卻是最後和**最成功**的一種設計。

"I order you to shut the door"（我命令你把門關起來）是一個顯式做言， 而 "Shut the door"（把門關起來）則是一個初式做言。在使用前者講話時，無疑是在命令。但是在使用後者這個初式做言講話時，我們並不清楚我們是在命令你、懇求你、激動你、引誘你，或者其他許多不同精確的做行之一。在簡樸的原始語言中 ， 這些「示意」很可能還沒有分辨 。 但是奥斯丁認爲，我們不需過分重視原始語言的這種簡樸性；因爲有許多設計可用來弄清楚，當我們講話時，我們是在實施什麼樣的做行。例如，語氣、聲調、揚抑、副詞、連接詞、伴勢、環境等等的設計❹，常常可以相當無誤地幫我們弄清楚一個命令式的講話，是命令，還是懇求等。雖然如此，這些設計仍然可能有許多歧義。由於缺少顯式做言動詞，因此也無法用做言本身來做分辨。

利用顯式做言動詞和其他的一些設計，我們常可把我們在講一句話時，我們到底正在做什麼樣的行動顯示出來。但是，在這裏我們要分清楚的，把我們正在做的是什麼樣的行動**顯示**出來，和把我們正在做的是什麼樣的行動**敍說**出來，是兩種極不相同的事。在講出一個顯式做言時，我們並不在敍說它是什麼樣的行動，而是在顯示它是什麼樣的行動。奧斯丁舉出一個有趣的例子說明此點。首先，在這個例子中我們所做的約定俗成的行動，不是說話行動，而是身體的動作。假設有一天，我在你面前深深彎腰，這是什麼意思，就有歧義。我可能只在檢視掉下的東西，或使我的肚子舒服；反之，我也很可能是向你致敬。爲釐清這些可能的示意，我可做一些設計，譬如，說聲：「你好！」或諸如此類的事，用來顯示我的行動是致敬，而不是別的。奧斯丁說，在這裏，沒有人會說「你好」是在描述或報導我在做的致敬行動；可是，它顯然會把你在做什麼樣的行動，顯示得更清楚。

初式做言固然會有歧義的情形，顯式做言是不是也會呢？很不巧的，也會。例如，“I approve”〔我核准（贊成）〕可以當做核准的做行，也可以當做一種描述，描述我贊成這。奧斯丁進一步舉出兩種典型的例子來討論這些情形，這兩種就是他所謂的

---

❹ 這些設計的例子，可參看《如何拿話做事》，頁 73-76。

行態（behabitives）和**表明**（expositives）。

(1) 行　態

在日常生活中，我們常有這樣的情形，那就是，對某種「感情」或「願望」的感覺，或者某種態度的採取，在約定俗成上被認爲對某一事態是一種適當的反應。在這種情況下，我們當然可能感覺到，並且通常也實際感覺到這種情感或願望。但由於我們的感情或願望不容易被別人察覺到，因此我們常希望告訴別人我們具有這些情感或願望。我們也可以了解到的，雖然在不同的情況下稍有不同的理由，如果我們具有這些情感或願望，在禮貌上，我們需要把它們表示出來。甚至於當我們覺得很適合的時候，不管我們對我們正在報導的是否眞正感覺到什麼，我們也要把它們表示出來。下面是在這種情況下，我們常用的一些講話：

顯式做言	不純的（半描述的）	描述的
I thank（我謝謝）	I am grateful（我感激的）	I feel grateful（我感到感激）
I apologize（我道歉）	I am sorry（我對不起；我難過）	I repent（我後悔）
I criticize（我批評） I censure（我責難）	I blame（我譴責）	I feel disgust（我嫌惡）
I approve（我贊成；我核准）	I approve of（我贊成）	I feel approval（我贊成）
I bid you welcome（我歡迎你）	I welcome（我歡迎）	
I congratulate（我恭賀）	I am glad about（我高興）	

在這個表上，第一欄包含顯示做言；第二欄的講話半描述半做言；第三欄僅只是報導的。奧斯丁把第一第二欄的做言講話，叫做**行態**（behabitives）。這類講話大致涉及到對行爲的反應，和設計來表現態度和感覺的。中間一欄故意的兩重意思，有利也有弊。如果有人說："I am sorry"（我對不起；我難過），我們不知道它是否正好和 "I apologize"（我道歉）一樣是一個做言，或者被當做他的感受狀態（難過）的一種描述。如果他說："I feel perfectly awful about it"（我對它感到全然可怕），則這必定是對他的感覺狀態的一種描述。如果他說："I apologize"（我道歉），則它顯然是一個做言。但是，如果他說："I am sorry"（我對不起；我難過），則這是一個描述，還是做言，就搖曳不定了。

(2) 表　明

有一種講話其主體部分通常是直截了當的敍說形式，但是其開頭部分卻是一個顯式做言動詞，這部分顯示這個「敍說」是如何湊進這個談話系絡裏的。奧斯丁把這種形式的講話，叫做**表明**（expositives)。例如：

(甲) I argue that there is no backside to the moon
（我論證說，月球沒有背部）。

(乙) I conclude that there is no backside to the moon
（我下結論說，月球沒有背部）。

(丙) I concede that there is no backside to the moon
（我承認月球沒有背部）。

這些講話有從做言轉移到描述，並且在這兩者之間搖曳不定的現象。尤其是看看上述講話（甲），這個講話和“I warn you”（我警告你）的形式，看來沒有很大的不同。後者是一個做言，在做一個警告；前者不也是在「做」一個敍說的做言嗎？可是它又和“There is no backside to the moon”（月球沒有背部）這個「純」敍說有什麼不同呢？這樣，它不也是一個敍說了嗎？

三、涵包、意味著與預設

在討論做言與敍言之間的邏輯關聯，及其間的相似或相同的地方時，奥斯丁刻意的利用「涵包」(entail)、「意味著」(imply) 和「預設」等邏輯或語言哲學的基本概念。在利用之前，他也對這些概念的意義先做一些分析。下面就依他的解說來介紹這幾個概念。

在本節的討論，讓 p 和 q 代表某「項目」。

(1) 涵　包

p 涵包❺（entail）q 的意義是，敍說 q 是敍說 p 的一個邏輯歸結。換句話說，如果 p 涵包 q，則非 q 也涵包非 p。也就是說，如果 p 涵包 q，則 p 眞時 q 也眞，而且 q 假時 p 也假。當 p 涵包 q 時，（$p \wedge \sim q$）必定爲假，也就是（$p \wedge \sim q$）必定是一個矛盾言（contradiction）或不一致言（inconsistency）。這

❺ 通常邏輯教本使用的“imply”（涵蘊）或“logical imply”（邏輯涵蘊）一詞，接近於這裏的“entail”（涵包）。在本節裏討論的“imply”（意味著）一詞，和邏輯教本使用的同一詞並不完全一樣。因此，我們用不同的中文來翻譯。讀者在閱讀本節的討論時，對“entail”（涵包）、“imply”（意味著）和“presuppose”（預設）等用語，要盡量依本節的解說來了解。

樣，「所有的貓喜歡吃魚」涵包「有些貓喜歡吃魚」。因此，我們不能說：「所有貓喜歡吃魚但沒有任何一隻貓喜歡吃魚」，或者「這隻貓在蓆子下面而且這隻貓在蓆子上面」，或者「這隻貓在蓆子上面而且這隻貓不在蓆子上面」，因爲在這些情況中，第一個子句涵包第二子句的矛盾言。

(2) 意味著

「意味著」(imply) 的意義，要比涵包著紛雜的多。這兩者的意義並不相同。當我說：「這隻貓在蓆子上」時，我這個講話意味著我相信這隻貓在蓆子上。但是，我不相信這隻貓在蓆子上並不意味著這隻貓不在蓆子上。這隻貓在蓆子上但我不相信是這樣，是相容的。但是，我講「這隻貓在蓆子上」和講「我不相信這樣」是不相容的。我的斷說意味著我的相信。

在某一個情況中，當我說：「啊呀！」(alas!) 時，通常我被認爲是意味著我不快樂。但是我這樣說時，通常我不被認爲是好像我在說：「我不快樂」，那樣在斷說 (assert) 我不快樂。再舉不同的例子來說。當有人說：「我家的貓很會開門」時，他通常被認爲是意味著他家養有貓（雖然他**沒說**他家養有貓），而他的聽眾也很可以這樣認定（即他家養有貓）。

(3) 預　設

「阿土的狗都是白的」預設阿土有狗。「阿土的狗都不是白的」也預設阿土有狗。我們不能說：「阿土的狗都是白的，但阿土沒有狗」，或「阿土沒有狗而他的狗都是白的」。

當 p 涵包 q 時，$(p \wedge \sim q)$ 爲矛盾。例如，「所有的貓喜

歡吃魚」涵包「有些貓喜歡吃魚」，因此「所有的貓喜歡吃魚但有些貓不喜歡吃魚」是矛盾的或不一致的（inconsistent)。

但是，當 p 意味著 q 時，（p ∧ ～q）未必矛盾或不一致。例如，當我說：「這隻貓在蓆子上」時，這個講話意味著我相信這隻貓在蓆子上。然而，假定我講這隻貓在蓆子上但我不相信，這並不形成矛盾或不一致。這時候，這種情形是怪謬的，而我或我的斷說或講話是**不誠實**的。

再說，當 p 預設 q 時，如果 q 假，則 p **不是假**，而是空洞（void)。例如，當阿土沒有狗時，「阿土的狗都是白的」這個講話爲空的，因爲這個講話沒有稱指（reference)。

四、做言與敍言的關聯及其相似

從上節的討論，我們知道敍言之間可能具有涵包、意味著及預設這三種關係。同時，相應於這三個概念，敍言可分別發生矛盾（或不一致）、怪謬和空洞的情形。理在讓我們看看做言與敍言之間是否會發生涵包、意味著和預設等關係，以及做言是否有（或相當於）矛盾、怪謬和空洞的情形。奧斯丁舉下面的例子來討論：

（甲）如果做言 "I apologize"（我道歉）爲得體，則 "I am apologizing" 這個敍言爲眞。

（乙）如果做言 "I apologize"（我道歉）要爲得體，則一些條件——尤其是規則 A 1 和 A 2——成立的敍說，必須爲眞。

（丙）如果做言 "I apologize"（我道歉）要爲得體，則一些其他條件——尤其是規則 Γ1，必須爲眞。

（丁）如果至少某種做言爲得體，例如契約做言，則我應該或不應該隨後去做某一特別事項這種典型的敍說爲眞。

現在讓我們進一步分析：（甲）告訴我們，敍言 "I am apologizing"（我在道歉）之爲眞，是要依據做言 "I apologize"（我道歉）之爲得體。但這種「依據」是一種什麼樣的關係，奥斯丁沒有明白說出來❻。

（乙）可以視爲是一種預設關係，因爲如果規則 A 不滿足時，譬如，我向一個不適當的人道歉時，我的道歉是空洞的。

（丙）可以視爲是一種意味著關係，因爲如果我的道歉爲得體時，很可以推斷說，我眞心向人道歉。但是，如果我沒眞心，則我的道歉雖有毛病，但並不無效。

（丁）可以視爲是一種涵包關係。"I promise"（我答應）涵包 "I ought"（我應該）。反之，"I ought not"（我不應該）涵包 "I do not promise"（我不答應）。

其次，讓我們看看做言發生矛盾、怪謬和空洞（無效）的情形:

（i） 涵包與矛盾（不一致）: "I promise"（我答應）涵包 "I ought"（我應該）。因此，如果有人說: "I promise to go with you, but I ought not to go with you"（我答應和你一起去，但我不應該和你一起去），則他的講話本身便有自己否定

---

❻ 這裏的關係不是涵包關係；因爲，當敍言 "I am apologizing"（我在道歉）爲假時，做言 "I apologize"（我道歉）固然有毛病，但未必爲我們這裏所謂的不得體。這裏的關係也不是意味著；因爲它似乎比意味著更強，因爲從做言 "I apologize"（我道歉）的得體，我們可以導出 "I am apologizing"（我在道歉）之眞。這裏的關係也不是預設，因爲當敍言 "I am apologizing"（我在道歉）爲假時，做言 "I apologize"（我道歉）可以爲不得體，但未必爲空洞。

的情形，而有矛盾。又如有人說："I welcome you"（我歡迎你），可是後來他卻把你當敵人或侵犯者看待，這樣他便有背諾、否定自己的講話，他的言行便矛盾或不一致。

（ii）意味著與怪謬："I promise to do..."（我答應去做……）意味著"I intend to do..."（我有意去做……）。但是，如果有人說：「我答應和你結婚，但我無意和你結婚」，則他雖然可以這麼說，但是他坦白招認不誠實，實在令人覺得很怪謬。

（iii）預設與空洞（無效）："I bequeath my watch to you"（我把我的手錶遺贈給你）和"I don't bequeath my watch to you"（我不把我的手錶遺贈給你），都預設講話的人有手錶。因此，假如他沒有手錶，他這個講話是空洞無效。

五、做言與敍言區分的崩潰與說話做行論的提出

在本章第一節裏，我們討論過奧斯丁企圖給做言找出一種文法上的判準。他失敗以後，認爲也許我們可以主張，在原則上我們可以把每一個做言化成某個顯式做言的形式，然後我們可以做出做言動詞的一覽表。然而，我們又發現，即使是在這種顯式形式中，我們常常不易確知一個講話是否是一個做言。一個典型的例子是"I state that"（我敍說……）。這個形式似乎滿足做言的要求，但它確可以看做是在做一個敍說，有眞假可言的敍說。

在前一節裏，我們又看到做言和敍言之間也有涵包、意味著和預設這些關係，尤其是和敍言一樣，做言之間也可能產生矛盾、怪謬和空洞等情形。因此，奧斯丁認爲，做言與敍言的區分就削弱，甚至瓦解和崩潰了。因此，當做一個語言理論，奧斯丁

就不滿意他自己提出的做言理論了。

因此，他對去「說」(saying) 什麼，常常是去「做」(doing) 什麼的語言和人類行爲的問題，認爲需要提出一種更廣含更富說服力的新理論，來處理語言和「拿話做事」的問題。他希望在這個新理論中，可以涵蓋語言的更多層面，尤其是可以把全部 (total) 的**說話做行** (speech acts) 都涵蓋進去。同時，他認爲在這個新理論中可以釐淸在原理論中，最使他頭痛的「去說什麼是去做一些什麼」這個曖昧的概念。因此，他要回過頭來，重新開始，從根本上徹底去考慮，去說什麼「就是」去做些什麼，或者「在」(in) 說些什麼中我們做些什麼，甚至於「由」(by) 說些什麼中我們做些什麼，這些到底有那些意義。這個新理論就是現在一般所謂的**說話做行論** (theory of speech acts)。我們將在下一章檢討和評估他的做言理論以後，詳細介紹和討論他這個理論。

第四章　奧斯丁的說話做行論與三種基本的說話做行

一、三種基本說話做行：言辭、在言與由言

在奧斯丁認爲，他已經顯示了不可能給做言找到明確的辨認判準以後，他在《如何拿話做事》的後半部❶，完全重新開始研究**說些什麼**（saying something）如何也可以**做些什麼**（doing something）。事實上，他現在要從更廣包的層面研究，說些什麼**是**做些什麼到底有那些基本的意思。他把他這個更廣包的理論，叫做說話做行論（the theory of speech-acts）❷。

奧斯丁認爲，在說些什麼時，我們可能以三種基本不同的方式或示意在做些什麼。他把這些種做些什麼，分別叫做**言辭做行**（locutionary act）、**在言做行**（illocutionary act）和**由言做行**（perlocutionary act）。

在講話或說些什麼時，我們說出一些聲音，說出具有一定結構的字詞，以及以一定的「意義」，也就是以一定的意思（sense）和稱指（reference），說出這些聲音和字詞。奧斯丁把在講話時，我們在做這些說出，叫做言辭做行。例如，阿土對阿蘭說：

---

❶ 在《如何拿話做事》一書的前半部，即頁 1-91，他講的是做言理論；而在此書的後半部，即頁 91-164，他講的是說話做行論。

❷ 前書，頁 150。

「我喜歡妳」。阿土在講這句話時，他在做說出「我喜歡妳」的言辭做行； 在這裏，「我」和「你」分別指阿土和阿蘭，「喜歡」的意義是喜歡。又如，阿土對我說：「關上門」時，他在做說出「關上門」的言辭做行；在這裏，「關上」的意義是關上，「門」指門。

奥斯丁說，在做一個言辭做行時，一般說來，我們也就在其中做一個在言做行。這樣，在做一個言辭中，我們也在做諸如下面的一個做行：

問或回答一個問題，
提出一些訊息，一個保證，或一個警告，
宣布一個判決或一個意圖，
做一個任命，一個訴求，或一個批評，
做一個辨認或一個描述。

例如，某人在做「關上門」這個言辭做行中，也可能做一個命令。又如，某人在做「地球是圓的」這個言辭做行中，也在做一個描述。

奥斯丁進一步說，在做一個言辭做行，因而在其中也做一個在言做行中，我們也可能去做另一種做行。在說些什麼時，常常甚至通常會對聽眾、說話者，或其他人的感情、思想或行動產生相因而生的影響（consequential effects)。這種影響的產生，常常是說話者有意或計畫去做的。奥斯丁把這樣的講話，叫做由言做行。

讓（A)，（B）和（C）分別標示言辭、在言和由言等做行。奥斯丁舉下面的例子來說明：

【例 1】

做行（A）或言辭做行:

他對我說:「射她!」。這裏「射」的意義是射，而「她」指她。

做行（B）或在言做行:

他驅策（勸，命令，等等）我射她。

做行（C）或由言做行:

他誘我射她。他使我射她。

【例 2】

做行（A）或言辭做行:

他對我說:「你不能做那」。

做行（B）或在言做行:

他抗議我做它。

做行（C）或由言做行:

他阻止我。

他打擾我。

在進一步分析這三種說話做行以前，讓我們對它做一些一般的說明:

(1) 奧斯丁說，他的說話做行論的主要興趣在於在言做行，但也要把它和其他兩個做比較研究。「意義」和「語句的用法」這些用詞既可應用於言辭做行，也可應用於在言做行，因此它們詞會混攪這兩種做行的區別。這種情況也會發生於在言做行和由言做行。例如，爭論（arguing）或警告（warning）的語言用法的講話，就很像勸誘（persuading）、說服（convincing）或警覺

(alarming) 的語言用法的講話。但是，奥斯丁認為，這兩者仍然可以區別，因為前者可以說是**約定俗成的** (conventional)，即至少可以拿做言公式 (performative formula) 明示出來，但後者則不能。例如，我們可以說：「我爭論怎樣怎樣」或「我警告你怎樣怎樣」，但是我們不能說：「我說服你怎樣怎樣」或「我警覺你怎樣怎樣」。

(2)「語言的用法」可以涵蓋比在言做行和由言做行更不同的東西。例如，語言可以用來開玩笑。例如，「在 (in) 說『p』中，我在開玩笑」、「我在演戲」、或「我在寫詩」。奥斯丁說，這種語言使用和在言做行無關。

(3) 由於這三種做行 (acts) 都是做行 (acts)，也就是都在實施行動，因此所有的行動會遭受的毛病，它們都可能遭受。為說明這些毛病，我們必須要區分「做 x 的做行」(the act of doing x)，也就是完成或實現 (achieving x)，和「企圖去做 x 的做行」(the act of attempting to do x)。

奥斯丁說，在在言做行的場合，我們必須要做下面的區分，那就是：(a) 企圖去實施某一個在言做行的做行；(b) 成功的完成這一個做行的做行。在日常語言中，這種區分通常都不被注意到。在前面討論做言理論時，我們已經知道這種區分的重要。在言辭做行中，也要做類似的區分。

(4) 我們必須要拿有關行動的一般學說，來面對我們的在言做行和由言做行之區分上我們有當做我們所做的某一個固定物理事項的「做行」的觀念，譬如用腳踢牆。和這種做行有區別的，我們有當做約定俗成的「做行」，譬如當我說：「我歡迎你」時，我在做歡迎你的做行，或者我們有產生某種後果的「做行」，譬如當我們罵某一個人時，該人以惡言惡行相對。但是，奧斯丁說，在言做行甚至言辭做行也包含約定俗成，而由言做行則恆常包含某種後果。

二、言辭做行的分析

現在讓我們把言辭做行（locutionary act）標示爲（A）。奧斯丁認爲，說什麼東西是：

(Aa) 總有實施講出一些聲音（noise）的做行；這個做行是一個「吐音」（phonetic）做行，這個講出是一個音素（phone）；

(Ab) 總有實施講出一些語詞（vocables, words）的做行，這裏所謂語詞是指屬於並且當做屬於在一定結構裏的一定字彙的一定形態的聲音。又這裏所謂一定結構，是指符合並且當做符合帶一定語調等等的一定文法。這個做行叫做「語詞」(phatic) 做行；這個講出是一個詞素（pheme）；

(Ac) 通常要實施使用該詞素或使用含多少一定「意思」（sense）和多少確定「稱指」（reference）當其成分的做行。這裏的意思和稱指合起來，相當於「意義」(meaning)。這個做行叫做「言說」(rhetic) 做行；這個講出是一個「言說」(rheme)。

如果這些附屬的做行都以充分正常的意思或得體的講出，它們合起來就形成言辭做行。這樣，「他說：『這隻貓在蓆子上』」，在報導一個語詞，而「他說這隻貓在蓆子上」，則在報導一個言說做行。下面是一些類似的配對：

(a)「他說:『這隻貓在蓆子上』」,「他說這隻貓在蓆子上」;

(b)「他說: 『我將在那裏』」,「他說他將在那裏」;

(c)「他說: 『出去』」,「他叫我出去」;

(d)「他說: 『你是新竹人還是嘉義人?』」,「他問我是新竹人還是嘉義人」。

下面幾點值得注意:

(1) 顯然,在做一個語詞做行時,我必定做一個吐音做行。但語詞做行並不是吐音做行的一個子類,因為語詞做行是講出當做屬於某一定字彙的語詞的做行,而吐音做行則沒有這種從屬。在做吐音做行時,我們未必做語詞做行。一個猴子做出和「玩」不可分辨的聲音時,並沒有做一個語詞做行,因為牠並沒有把它當做屬於某一定字彙而「講出」該聲音。

(2) 在定義語詞做行時,訴求了字彙和文法這兩項。因此,只合乎字彙或文法這兩者之一的講出,未必是語詞做行。另外,聲調也要考慮進去。

(3) 吐音做行和語詞做行基本上都是可模仿、可複製的。在直接引述的場合,我們就在模仿或複製語詞做行。

但是言說做行基本上是報導的,而不是複製的。我們通常使用間接引述來做這樣的報導。在做言說做行時,我們也做了意思和稱指這些附屬做行。我們能够做一個沒有稱指的言說做行嗎?奧斯丁說,一般說來這似乎不能够。但是,他問:在「所有的三角形都有三邊」中的稱指是什麼呢?這個問題令人困惑。這麼說來,顯然我們可以做一個不是言說做行的語詞做行,但反之則不然。這樣,我們可以重複別人的講話,我們也可以讀一首古詩而不知其意義。

奧斯丁說，語詞（pheme）是**語言**的一個單位。它的典型的毛病是沒有意義。但言說（rheme）是說話（speech）的一個單位。它的典型的毛病是含混或空洞等等。

奧斯丁說，我們**就在說**什麼的做行中（an act of saying something）做言辭做行（locutionary act）；我們**在**（in）說什麼的做行中（an act in saying something）做在言做行（illocutionary act）；我們**經由**（by）說什麼的做行做由言做行（perlocutionary act）。"illocution" 一詞是由"in locution" 造的，而"perlocution" 是由"per（by）locution" 造的。當然這些是由奧斯丁造的。根據這些造法，因此我們分別拿「在言」和「由言」來翻譯"illocution" 和"perlocution"❸。

---

❸ 相信很多人會對要怎樣區分奧斯丁的"rhetic act"（言說做行）和"locutionary act"（言辭做行）感到困惑。瓦諾克（G. J. Warnock）教授對這一點有很好的澄清。他說：

> 「對我來說似乎，"locutionary act"（言辭做行）是拉丁文底，而"rhetic act"（言說做行）是希臘文底的。這兩者都稱呼確切地相同的東西。但是這個多餘的重複，如果是多餘的重複，也許是無害的（除了或許它會誤導讀者去絞盡腦汁去做無必要的區分的探究）；而這也不是不可解說的。如果我們從希臘文詞"phonetic"（音素的）出發，而繼續到"phatic"（語詞的），自然會以，譬如說另一個希臘文底的標示"rhetic"（言說的）這特定的三個一組結束。如果我們從拉丁文詞"perlocutionary act"（由言做行）返回拉丁文詞"illocutionary act"（在言做行），自然會以一個適當的拉丁文詞標示"locutionary"（言辭的）來充塡該三個一組。奧斯丁也許就沒有注意到——他確然沒在什麼地方明白地說——我認爲的這種情形，即事實上我們在此有某種重疊，正對相同的東西拿一個希臘文又拿一個拉丁文去標示——希臘文標示可以說是向後到"phatic"（語詞的）和"phonetic"（音素的），而拉丁文標示則向前到"illocution"（在言）和"perlocution"（由言）。」
> 〔瓦諾克：《奧斯丁》（*J. L. Austin*），頁 149。〕

我拿「言說」和「言辭」分別翻譯"rhetic" 和"locution"。這種同意異詞的表示，是很細心的。

三、在言做行與由言做行的區分

在奧斯丁的說話做行論中所強調的是在言做行。在本節裏，我們要利用在言做行與由言做行的比較研究，來進一步分析在言做行。

前面已經講過，奧斯丁認爲，在一個說話做行中可以區分出言辭、在言和由言等三個重要的做行。我們做一個**言辭做行**，相當於講含一定意思 (sense) 和稱指 (reference) 的一個語句；這裏所謂意思和稱指，大體相當於一般所謂的意義 (meaning)。其次，我們也做諸如告知、命令、警告、擔保等等的**在言做行**，也就是講出具有一定（約定俗成的）示意 (force) 的講話。再說，我們也可以做由言做行。在由言做行中，我們**經由** (by) 說什麼而獲得或產生什麼，例如，我們經由說服、勸誘、阻礙，而產生一些結果。在這三種做行中，我們有三種不同意思的「語句用法」或「語言用法」。所有這三種「行動」，都是行動，因此都會遭遇企圖和有沒有達成的區分，有意和無意等的區分。

依據奧斯丁，我們不是「在說些什麼中」(in saying something) 去做一個在言做行，而是「經由說些什麼」(by saying something) 去做一個由言做行。

首先讓我們看看問題較少的情況，即由言做行。依奧斯丁，所謂由言做行，是指說什麼時常、甚或通常會對聽眾、說話者、或其他的人的感覺、思想、或行動產生某些相因而生的效果。這樣，例如經由告訴某人一些什麼東西，我可以改變他對某一件事的意見；誤導他、驚駭他、驚慌他，或者使他不去做某些事情。

而且，不論我有沒有意圖產生這些效果，它們都可以併入「我做的什麼」(what I did) 這個稱指中。經由告訴他，說我日昨看到鯊魚在這海邊出現，我改變了他認爲這海邊是游泳安全地帶的看法，或許因而阻止他到這海邊來游泳。經由告訴他說，今年大學聯考甲組錄取率很高而丙組錄取率很低，我改變了他認爲今年丙組容易錄取的想法，可能因此使他決定報考甲組而不報考丙組了。

在說某人做什麼東西中，我們可以把也許能視爲是「他所做的什麼」的「效果」或「相因而生的事項」的一個或多或少的部分，併入在他所做的什麼的稱指中。例如，扣扳機有槍響的效果是射擊；射擊而有相因而生的受傷事項是傷人；傷人而有人死亡的結果是殺人。如同這樣的，告訴你一些驚駭你的事是驚駭你；告訴你一些擾亂你的事是擾亂你。經由說些什麼，而產生這種效果或結果，是去做奧斯丁所謂的「由言」(perlocutionary) 做行。

有三點要注意的：首先，這種效果的產生，可以是也可以不是由實行者意圖的。而且，即使他意圖它應這樣，但卻可不這樣產生。例如，我講了一些我認爲十分無心的話，而卻無意地在由言上震驚你；或者我有心講這些話，但卻沒有震驚你。第二點是，所論的由言效果非常可能也在某些完全非語詞的方式產生。例如，我可一言不發而只把你的支票藏起來，來阻礙你賭六合彩，或者我在教堂裏抽煙來震驚你。但是，只當這些效果是經由**說些**什麼東西而發生時，它們才可以說是「眞正的」由言做行的實施。第三點是，一個由言做行要做出來，所論效果必須（至少）是一個充分的**言辭**做行的效果。經由在你的耳邊的大聲講出的音素(phonetic)做行，或者經由講出什麼東西的語詞（phatic）做行，我也許可以驚嚇你。但是，在所謂由言做行這個觀念中的所論效果，是經由我說我所說的產生的，而不是僅僅經由我講的什麼產生的。

現在我們可以問的，由言做行是怎樣「做成的」？什麼使我們可以做由言做行？這答案似乎相當清楚。這只是由於當做語言說話者，我們能夠實行言辭做行，而言辭做行實際上是具有某些效果、結果或相因而生的事項。我們也可以問，對我說我所說的到底有多少相因而生的東西，可以適當或合理地說是我的言辭做行的效果、結果或相因而生的事項。又我們也可以問，我說我所說的效果等等的效果，到底在那些範圍內可以適當而合理簡潔的納入一個可以接受的「我所做的」指稱中。清楚而重要的是，當我們建立一個說話者做的什麼言辭做行時，總有**另外一個問題**，那就是，這個說話者經由這個言辭做行他做了什麼（如果眞的有的話）由言做行。這個問題是很重要的，因爲它基本上是「那麼實際上有什麼結果發生？」顯然，我們不能僅僅依細讀言辭做行本身，就可以回答這個問題。我們也不能僅僅依探究說話者意圖什麼，而回答這個問題。我也許意圖向聽眾開玩笑，可是事實上卻惱怒了他們。那麼，這另外一個問題基本的是：「實際上隨著這說話因而發生的效果或結果是什麼？」

那麼，就讓我們設想下面有相當清楚觀念的兩回事，一回事是，在任何一個場合，一個說話者，例如在講出「太陽出來了」這個說話中，首先他是在「做」說出太陽出來了這個言辭做行。另一回事是，這個說話者**經由**說出太陽出來了在做向你確證的由言辭行。現在，我們可以提出一個說話者做什麼的另一個有趣而且頗有爭議的問題。這個問題是，一個說話者**在說**什麼什麼之中（**in** saying...），而不是經由說（**by** saying...）他做什麼。如同在前面我們講過的，這個說話者是在做「在言做行」(illocutionary act)。在言做行出自言辭做行與經由做行這兩類說話做行之間。那麼，它和它兩邊的鄰近要怎樣區分呢？我說我家的狗沒有綁（言辭做行）；**在說**這之中，我給你警告（在言做行）；而且**經由**說這，我也許阻止你隨便闖入我家（由言做行）。這三者要怎樣區分呢？

「在言做行」和「由言做行」這些詞語，實際上是由奧斯丁發明的。他的目的是要區分「在（in）說……」和「經由（by）說……」，也就是要區分**在說**什麼中我做什麼和**由說**什麼我做什麼。但是，雖然這兩個公式之間的不同使用，給奧斯丁心目中所想的提供某種線索，但是他認爲，依這個公式本身如果機械地應用的話，並不提供一般可靠的方法來劃分他的區別。例如，在「在說阿土到美國去了之中，我是忘記了他還留在臺北」這個具有「在說……」這樣的公式，並不挑出忘記這個在言做行。同樣的，「經由說……」這個公式，也不一定挑出由言做行。例如，「經由說這案子已結，我的意思是我們不能再說什麼」；在這裏並沒有徵定什麼特別的由言做行。至於在中文，這些公式的功用，似乎更模糊了。這樣，對這種區分的基礎，還有什麼可說的呢？也許我們可以做下面一些觀察。

在說話中我們做的由言做行，基本上只是由這個說話產生的那些「效果」，但是在言做行則不是這樣。假如我經由說我家的狗沒有拴住來阻止你進入我家，你的受阻只是我這樣說（不論有意或無意）的效果。但是，如果在說我家的狗沒有拴住中，我警告你不要進來，則我的警告你似乎顯然不是只是我這樣說的一個效果，當然它也不會是一個無心的效果；它也不是事實上被我所說的什麼所引起的，而是我在這樣說之中我**做的事項**。這個事項類似於「我意指的什麼」，而不是當做我的說話可能發生的一個結果。如果在說「我就應該辭職」中，我勸你辭職，我也許有或也許沒有產生你實際去辭職的結果 —— 這是一個「其次發生什麼」的問題。在這樣說之中我給你一個勸告，它不是當做我說話的一個**結果所發生的事**，它是在說出這話之中，我**在做什麼的事**，它是我要當什麼意思去講的事，至於實際上產生什麼效果，和這無關。

再說，我們講過的，當一個說話者做了一個言辭做行以後，我們一定有一個他因而做了什麼由言做行的問題，因爲一個言辭做行一定會產生「實際上隨後發生什麼」的問題。顯然，這個問題是不能經由探視這個言辭做行本身而回答的。在這一點上，在言做行和由言做行不同。一個說話者做了一個言辭時，的確時常，或許通常，但必定不是一定有做了什麼在言做行的另一個問題。而如果有另一個問題的話，其理由也不一樣。如果有人說（言辭做行）他家的狗沒有拴住，會有他做什麼在言做行的另一個問題。這裏所以會有另一個問題，不是因爲我們還不知道什麼當做一個結果發生，而是因爲這個言辭做行**可以**有若干不同方式的意指。譬如，可以意指他在警告不小心的訪客，或者炫耀他家的狗是多麼自由，或者報告他家的狗是很溫馴的。我們也可看到這**不一定**會有另一個問題；因爲雖然一個說話者在說話中是在做什麼，時常，甚或通常沒有充分，甚或一點也沒有明白顯現他**在說**什麼，但是這當然可以十分明白顯現他**說**什麼。如果我說：「我警告你我家的狗沒有拴住」，則我這樣說一定，而且只能當做在提出一個警告；而在這裏這個言辭做行本身就「告訴」我們所做的在言做行是什麼，而就沒有可提出另一個問題的餘地。把一個講話的在言示意 (illocutionary force) 充分明白顯示出來，其實可以說是把這個在言示意包含在言辭做行本身裏。說「我勸你辭職」不但是給你一個勸告；其意義就是我在給你辭職的勸告。一般說來，在言示意的觀念應該和言辭意義 (meaning) 區分，但是一個講話的意義有時候難以決定它的在言示意，相比之下，一個講話的意義**決不能**決定它的由言效果；因爲，我不能僅僅經由說我要說服你、驚駭你、使你高興，事實上就能說服你、驚駭你，或使你高興。我們不能依分析言辭做行的意義，就可決定或知道這一言辭會產生怎樣的效果。我們要知道有什麼效果，必須等著看❹。

當然，在言示意並不是全看我**說什麼**。如果在說我家的狗沒有拴住，我的意思在警告你，但僅僅**在說**這樣之中，我並不實際就警告你。你可能聽到並了解我說什麼，但並沒有把握到我實際上是以什麼意義在說。或者，甚至我明白說我警告你，但你也許沒聽到或沒了解我的意思。因此，奧斯丁說，一個在言做行的履行包含**獲得了解** (securing of uptake)。以某一在言示意說話，其本身並不就做一個在言做行，因爲所說的也許沒被接納，這時候這個做行就沒有「得體地」(happily) 產生出來。例如，你給我一個允諾，但我沒有接受它。因此，說話者和聽話者雙方的同意，常常是完成一個在言做行所必須的。

---

❹　《如何拿話做事》，頁 117。

有一點奥斯丁反覆強調但沒做很多論證和解說，並時常引起學者爭議的是，「在言做行是約成 (conventional) 做行；由言做行不是約成的[5]」。例如，他又說:

> 嚴格的說，除非所使用的方法是約成的，否則不能有在言做行[6]。

> 講到論辯或警告的語言使用，正如同講到說服、激勵、驚慌的語言使用那樣，然而粗略比照起來，前者可以說是約成的……但後者則不能是[7]。

> 我們務必注意的，在言做行是一種約成做行；一種當做符合一種約成而做完的做行[8]。

> 我們也履行諸如通知、命令、警告、從事等等的在言做行，也就是具有某種(約成)示意的講話[9]。

那麼，所謂在言做行是約成的，而由言做行不是約成的，是什麼意思呢?

首先，當奥斯丁說做一個在言做行，「嚴格的說」所使用的方法必須是「約成的」時，他的意思當然不是僅僅指這種做行包

[5] 前書，頁 121。
[6] 前書，頁 119。
[7] 前書，頁 103。
[8] 前書，頁 105。
[9] 前書，頁 109。

含語言的某種使用。語言的使用不用說是一種約成的，一種約成使用某種方法來做事的；語言的使用和推、拉、打東西的因果效應的方法，當然不同，後者不是約成的。這樣，奥斯丁一再強調的一個在言做行是約成的，有什麼「特別的」意義呢？

爲回答這個問題，讓我們泛稱語言的使用是一種約成爲「一般的約成」。奥斯丁的意思很可能是，一個言辭做行的意義（meaning）是一般約成的，但一個在言做行除了這種一般約成以外，還要某種「特別的約成」。當他強調在言做行是一種約成的時，他指的應該是這種特別的約成，否則似乎沒有特別強調的必要。我們說在說什麼東西（言辭做行）中，就在其中做了某個特定的在言做行。我們講過的，在做一個言辭做行時，通常會有在其中做了什麼在言做行這另一個問題。譬如，如果你說在鄰近的田野裏有一隻野狼，我們很可以說你做了一個斷說，而且這是事實。但是，這個回答只是就最廣義來說，用最少資訊的用語回答了做了什麼在言做行——一種斷說，一種敍說。我們還會進一步提出問題。譬如，你是在警告我離開？或者叫我注意一個有趣的現象？問題是：這「另外的問題」要如何獲得回答？譬如，什麼使得你的說話做行是一種警告，而不是別的？這也許就是「特別的約成」。如同奥斯丁說的，一個特定的在言做行是一種當做符合某種約成而做完的做行。

第五章　奧斯丁的做言理論與說話做行論的關聯

一、做言理論是說話做行論的一個特別理論

在講完了說話做行論以後，奧斯丁在他的《如何拿話做事》的最後兩章，還回過頭來檢討做言理論與說話做行的關聯，以及進一步列舉「顯式做言動詞」(explicit performative verbs)。在這一節裏，先讓我們討論第一個問題。

奧斯丁對他的做言理論與說話做行論的關聯，有這樣的結語：「做言與敍言區分的學說對在全部 (total) 說話做行裏，言辭做行與在言做行學說所處關聯，如同特別 (special) 理論對一般 (general) 理論❶。」他得到這個結論的主要理由是，從言辭做行和在言做行理論的觀點看，發現對我們討論的所有講話，一般來說，得體 (happiness) 和不得體 (unhappiness) 的度碼，可適用於在言示意 (illocutionary force)，而眞假的度碼，也可適用於言辭意義 (locutionary meaning)。在做言理論中，得體性是用來評定做言的，而眞假是用來評定敍言的。言辭做行和在言做行是同一個說話做行 (speech act) 中兩個不同的抽象，不是截然不同的東西；而敍言和做言之間，也沒有對反而可站得住的線可以劃分。因此，我們很可把做言理論視爲言辭做行和在言

❶ 奧斯丁：《如何拿話做事》，頁 148。

做行理論的特別理論。

在《如何拿話做事》的最後第二章，奧斯丁再次質問他做言與敍言原先的對照和差別，也就是：

(1) 與敍言僅僅是說些什麼東西相對的，做言應該是去做些什麼東西；而

(2) 與敍言是眞或假相對的，做言是得體不得體。

這些區分是否眞的適當？他現在提示說，以做言理論那樣的方式來處理，這種對照和差異看來是靠不住的。

這種靠不住可從兩方面來檢討。首先，我們現在已經看得很多，在說些什麼和做些什麼之間，是沒有相對而可靠的線可劃的。去說些什麼東西，一定是去做些什麼——當然去做一個音素做行，而在任何正常情況下，也去做一個言辭、在言做行，而且也可能去做一個由言做行。也就是說，當一個說話者去說些什麼時，一定會產生他去做什麼事項的問題，而且這個問題可以用各種有趣和不同的方式來回答。尤其是，在說話中去做什麼和去敍說什麼之間，沒有截然的線可以分。因爲，奧斯丁說：「去敍說同樣是去做一個在言做行，譬如去做警告或宣判……『敍說』似乎滿足我們要給在言做行做區分的所有標準。」它可以「絕對地放在論辯、打賭和警告的層次上❷」。我可以說：「在說股票上漲中，我不是在打賭、論辯或警告：我只是把它當一個事實在敍說」；而如同我可以說：「我論辯」或「我提示他沒有做它」，我可以說：「我敍說他沒有做它」。在這裏，我特定了我的講話的在言示意。再說，雖然敍說是「做」(doing)，但是這並不排

---

❷ 前書，頁 134。

除有「眞假」可言；因爲，如果我敍說股票上漲，我的敍說是否爲眞的問題當然會產生。

在另一方面，「得不得體」和「眞假」之間，並沒有相排除。一個敍說一般說來當然可以爲眞或爲假。但是，它也可以依不同方式而爲「不得體」，譬如當我敍說一些我不相信的東西時，是一個「誤用」(abuse)；或爲空洞或無效（void），譬如當我說我家的狗關在狗房裏時，如果我家沒有狗，甚或也沒有狗房，則我的敍說是空洞或無效的。

雖然敍說可以爲得體或不得體，然而奧斯丁認爲，做言卻缺少敍說具有的東西。他說：

> 做言當然在做些什麼時也附帶的說些什麼，但是我們也許會覺得它們不像敍說那樣，基本上爲眞或爲假。我們會覺得這裏有某種我們判斷、評估，或鑑定敍言（初步認定它是適切的）的度碼，這度碼對非敍言或對做言是不會產生的❸。

他說：「例如在諸如估計、判定和宣判這些裁決言（verdictives）的場合，有一個明顯的自然發展至滑過眞或假❹。」我可以**對的**（rightly）或**錯的**（wrongly）估計飛機已經到了；我可以**正確的**（correctly)或**不正確的**（incorrectly）判定他有罪。但奧斯丁說，我們對裁決言不說 "truly"❺，可是「對的」、「錯的」、

---

❸ 《如何拿話做事》，頁 140。

❹ 前書，頁 141。

❺ 英漢字典上會把 "truly" 譯成「確切地」、「眞實地」、「正確地」、「眞正地」。這樣一譯，我們這裏要討論的細微的語意差別可能就不見了，因此，在這裏姑且不譯。

「正確的」和「不正確的」，卻也可用於敍說。

然而，奧斯丁說，和邏輯理論中擬想的簡單情況相反，在實際生活中我們不能都以一種簡單的方式回答一個敍說是否爲眞。例如，假如有人問「法國是六角形」這個事實。那麼，它是眞還是假？對某種意義和目的而言，它也許會爲眞。有人認爲這是一個粗糙的敍說；但就粗糙的敍說而言，它也許是一個好敍說。一個高階級的將軍也許會認爲它是一個够好的敍說，但對地理學家則可能不是。有人會問，我不管它粗不粗糙，我要問的是：它是一個眞敍說還是假敍說？我們的回答可能是，它就是粗糙，而這是「法國是六角形」對法國的關係這個問題的正當和最後的回答。它是一個粗糙的描述；它不是一個眞的描述，也不是一個假的描述。

奧斯丁再舉一個例子說明，如同在勸告的好壞要看講話的意旨、目的和周遭情況而定，敍說的眞假也一樣。他說，在一本中小學課本上被判斷爲眞的事項，在一篇歷史研究的著作中可能不這樣判斷。試看敍說：「雷蘭（Lord Raglan, 1788-1855，克里米亞戰爭時英國統帥）贏得阿馬（Alma）戰役。」讓我們假定如果有阿馬戰役的話，這個戰役是由士兵打的，雷蘭的命令未曾傳達給他的部屬，那麼，請問雷蘭贏得阿馬戰役嗎？奧斯丁說，當然在某些脈絡裏，也許是在中小學的課本裏，這樣說是完全合理的；也許這有點誇張，但給雷蘭一個勳章是沒有問題的。如同「法國是六角形」是粗糙的，「雷蘭贏得阿馬戰役」是誇張的，在某些場合適當，但在另些場合則不。要堅持它的眞或假是沒意思的。

再看「所有的天鵝是白的」的問題。假定澳洲被發現以前有一個人說這一句話。如果你後來在澳洲發現一隻黑天鵝，這個人是否就被拒絕？他的敍說現在爲假嗎？不盡然。他會撤回，但他可能會說：「我不是絕對講到每個地方的天鵝；譬如，我沒有對火星上可能的天鵝做敍說。」奧斯丁說，講話的稱指要依據講話時候的知識。

這樣，奧斯丁認爲，一個敍說的眞假要受它的遺漏、應用、以及它的誤導等等的影響。因此，我們要認識，就像「自由」和「不自由」那樣，「眞」和「假」並不代表任何簡單的東西；而只代表在某些情境，對這些聽衆，就這些目的和以這些意圖，這樣說是對的或錯的事情的一種一般度碼。一個敍說的眞假不但要依據字詞的意義，而且要依據所做的語言做行和講話所在情境。

最後，做言和敍言之間所剩的區分還有什麼呢？奧斯丁說，我們拿敍言去抽掉說話做行中的在言的部分，而集中注意在言辭做行，並使用和事實相符合這個過簡的觀念。我們拿做言盡量去照應講話的在言示意，並抽掉和事實相符這度碼。我們需要敍言來做言辭做行與在言做行之間的區分，而需要做言來特定和評定各種在言做行。但一般說來，言辭做行和在言做行都只是一種抽離，因爲每一個眞正的說話做行都兼有這兩者。

二、講話的種種在言示意

在講做言理論時，奧斯丁說我們需要「顯式做言動詞」的一覽表。在《如何拿話做事》的最後一章，他準備從更一般的理論，即說話做行論的觀點來處理這個問題。顯式做言動詞的一覽表在說話做行論中，可以當做講話的在言示意一覽表來處理。那麼，奧斯丁現在企圖去做的，是去區分我們講話可以有的各種不同類的在言示意。他說，這是一種「漫長的田野工作」。他在此所做的只是一些可做的例子而已。

奧斯丁把種種在言示意區分爲五大類。他給這五大類取下面「難看的名稱」：

（甲）裁決（言）（verdictives）

（乙）運用（言）（exercitives）

（丙）委諾（言）（commissives）

（丁）行態（言）（behabitives）

（戊）表明（言）（expositives）

在這裏先給這些名稱做概略的解釋。

第一、裁決（言）　法官、仲裁者或裁判所提出的裁判和裁定等。但裁決的在言示意未必是最後的；這類示意可能是，例如，估計、推算或評價。給事物提出事實或價值的判定，基於不同的理由，很難確定。

第二、運用（言）　權力、權利或影響力的運用。例如，任命、投票、命令、力勸、警告等。

第三、委諾（言）　典型的是答應。答應使你委身於要做什麼。委諾的在言示意也包括宣佈；宣佈不是答應。宣佈和裁決（言）和運用（言）有關。

第四、行態（言）　這類包括多方面的，和態度及社會行誼有關。例如，道歉、恭賀、稱讚、慰問、詛罵、挑戰等。

第五、表明（言）　這一類的示意在表明白我們的講話是如何安排在論證或談話中，或如何使用字詞。例如，「我回答說」(I reply)、「我論辯說」(I argue)、「我承認」(I concede)、「我舉例說明」(I illustrate)、「我假定」(I assume)、「我設定」(I postulate) 等等。

奧斯丁再分項舉例說明如下。

(1) 裁決（言）：下面的動詞常常表示裁決❻：

acquit（宣告無罪）	convict（宣告有罪）
find（判定，認定）	hold（裁決）
interpret as（認爲）	understand（推斷，以爲）
read it as（解釋爲）	rule（裁判）
calculate（估計，評價）	reckon（計算，推定）
estimate（估計）	locate（定位）
place（列位）	date（斷定時代）
measure（測度）	put it at（估計，估量）
make it（猜想，估計）	take it（認爲）
grade（分等）	rank（分類，分級）
rate（估價）	assess（評估）
value（評價）	describe（形容）
characterize（徵定）	diagnose（診斷）
analyse（審察）	

裁決的在言示意主要是由依據證據和理由，對價值或事實的公定或非公定提出一個判定。裁決是一種司法做行，和立法或行

❻ 下面以及以後的這些例子，都是奧斯丁選出來的。爲了不因翻譯而走樣，我們將先列原文（英文），再附以中譯，並盡量依奧斯丁在這裏的分類意義中譯。

政做行不同；後者是運用（言）。裁決和眞假、正不正確和公不公正有明顯的關聯。一個裁決的內容常有眞假，例如對裁判叫「死球」、「三振」、「四壞球」的裁判的爭執，就涉及與事實有關的眞假。

奧斯丁在說明他劃分的五大類在言示意時，一再利用比較它們之間的異同:

（i） 裁決與運行的比較: 當做公定的做行，一個法官的裁決便成法律；一個陪審團的認定判定一個罪犯有罪；一個裁判判打擊手出局，叫（發球）失誤，使打擊手出局，發球失誤。這些裁決雖然是依公定地位做的，但它仍然有依證據而爲正確或不正確、對或錯、合理或不合理，它不是有利或不利的一種決定。在陪審制度下，陪審團的認定是裁決，但法庭的做行則可視爲運行。但「你可以有它」是運用講話，而「它是你的」則是裁決。同理，評估是裁決，而賠償損害則是運用。

（ii） 裁決與委諾的比較: 在法律上，裁決對我們自己和對別人都具有效果。例如，當我們下一個裁決或提出一個評估時，我們就承諾了某種將來的行爲，譬如我們要賠償損害。又如，在對事實做某種認定後，我們也許就承諾了一定的裁決或評估。在提出一個裁決後，我們也許就承諾要站在某人一邊，爲他辯護。

（iii） 裁決與行態的比較: 去恭賀人也許就涵蘊對價値或品行的一種裁決。在一種意義上，「譴責」是「要人負責任」，這時候譴責是一種裁決。在另一意義上，譴責是對某人採取一種態度，這時候它是一種行態。

（iv） 裁決與表明的比較: 當我說 “I interpret”（我解釋爲）、“I analyse”（我審察爲）、“I describe”（我形容）和 “I characterize”（我徵定）時，在某種意義上是提出一個裁決，但是這些說法基本上和字面有關，而在釐清我們正在表明什麼。我們要區分「我叫你出局」和「我叫那『出局』」；前者在對人裁決，後者在對文字的使用做裁決。

(2) 運用（言）

一個運用是對某一個行動過程的有利或不利做一個決定，或是在提倡這一行動過程。運用是事情應該如此的一個決定，這和事情就是這樣的判斷不同。運用在提倡事情應該這樣，這和估計不同；估計在說事情是這樣，運用在宣判，而不在裁決。仲裁者和法官使用運用（言），並且也提出裁決。運用或裁決的後果是有人「被迫」或「被允許」或「被不允許」去做某些行動。

運用（言）包括很廣。下面是一些例子：

appoint（任命）	degrade（降級，免職）
demote（降級）	dismiss（解散）
excommunicate(逐出團體)	name（給名字）
order（命令）	command（命令）
direct（引導）	sentence（宣判）
fine（處以罰金）	grant（允許，承認）
levy（徵稅，扣押）	vote for（投票決定）
nominate（任命）	choose（選擇）
claim（主張）	give（給）
bequeath（遺贈）	pardon（原諒）
resign（辭職）	warn（警告）

advise（勸告）	plead（抗辯，祈求）
pray（禱告）	entreat（乞求）
beg（乞求）	urge（驅策，力請）
press（迫，催促）	recommend（推薦）
proclaim（宣布）	announce（宣布）
quash（取消，作廢）	countermand（撤回，取消）
annul（取消）	repeal（撤銷）
enact（頒布法律）	reprieve（緩刑）
veto（否決）	dedicate（供奉）
declare closed（宣布關閉）	declare open（宣布開放）

（i） 運用與裁決的比較："I hold"（我堅守）、"I interpret"（我解釋）等等，如果在公定場合，則為運用做行。「我授與」和「我赦免」是運行，這些做行要根據某種裁決。

（ii） 運用與委諾的比較：許多運用，諸如允許（permit)、授權、委以代理（depute)、提供、承認、批准（sanction)、賭注（stake)、同意等，事實上要使人委諾於某種行動。如果我說：「我宣戰」或「我否認」，那麼，我就受要做某種行動的約束。一個運用和委諾之間的關聯，和意義與涵蘊之間的關聯接近。任命和命名顯然會使我們委諾，但這些做行也在運用權力和權利。

（iii） 運用與行態的比較：像「我挑戰」、「我抗議」、「我贊成」等運用，和行態密切關聯。這些做行可以當做採取某種態度或行誼。

（iv） 運用與表明的比較：像「我撤回」、「我抗議（demur)」和「我反對」等運用，在論辯或交談的脈絡中，可以視爲是一種表明。

使用運用的典型脈絡有:

(a) 任命職位、候選資格、選舉、核准、辭職、撤職和申請等。

(b) 建議、勸誡和請願。

(c) 使有資格、命令、宣布、取消。

(d) 主持開會和業務。

(e) 主張權利、主張、控告等。

(3) 委　諾

委諾的整個要點是使說話者要受某種行動程序的約束。例如❼:

promise (答應)	covenant (誓約)
contract (訂約)	undertake (從事)
bind myself (允諾，保證)	give my word (保證)
purpose (計畫)	propose to (計畫)
contemplate (打算)	envisage (擬想)
engage (允諾，保證)	swear (發誓)
guarantee (保證)	pledge myself (誓言)
bet (打賭)	vow (立誓)

❼ 依瓦諾克 (G. J. Warnock) 的意見，我把奧斯丁原先列有的 "am determined"、"mean"、"intend"、"plan" 和 "shall" 刪掉，參看瓦諾克:《奧斯丁》(*J. L. Austin*)，頁 146。

agree（同意）	consent（同意，允許）
dedicate myself to（致力）	declare for（贊成）
side with（袒護）	adopt（採納）
champion（擁護）	embrace（接受）
espouse（贊助）	oppose（反對）
favour（贊成）	

（i） 委諾與裁決的比較：裁決以兩種方式使我們受某種行動的約束：

(a) 跟裁決的一致和支持裁決所必須的行動。

(b) 可能是一個裁決的後果或是跟這種後果牽連的事項。

（ii） 委諾與運用的比較：運用使我們受一個做行，譬如命名這個做行後果的約束。允許的做行，可以有運用或委諾的示意。

（iii） 委諾與行態的比較：憎恨、稱讚和批評等的反應，使我們受所選擇的勸告所約束。但是行態言使我們依含意而受相似的行爲約束，而不是受該實際的行爲約束。這樣，如果我譴責，我就對某人過去的行爲採取某種態度，但我只受避免相似行爲的約束。

（iv） 委諾與表明的比較：發誓、答應和保證，一般固然是一種委諾，但是如果你保證的是你已經做完什麼，而不是將來要做什麼，則這些做行像是表明。叫做、定義、審察和假定，可以視爲是表明，而支持、同意、不同意、辯護則似乎可以視爲既是表明又是委諾。

(4) 行　態

行態包括對別人的行爲和運氣的反應這觀念，也包括對別人過去的行爲或即將來臨的行爲的態度或態度的表現這觀念。這些和敍說或描述我們的感覺和感覺的表達有明顯的關聯，雖然行態和這樣的敍說或描述不同。

例子如下:

(i) 對道歉我們有:「道歉」、「對不起」、「失禮」。

(ii) 對感謝我們有:「謝謝」。

(iii) 對同情和贊同，我們有:「悲痛」、「同情」、「致意」、「道賀」、「慰問」、「恭喜」等。

(iv) 對態度我們有:「憎惡」、「不介意」、「致敬」、「批評」、「發怨言」、「抱怨」、「叫好」等。

(v) 對致候我們有:「歡迎」、「早安」、「你去那裏」、「吃飽了沒有」等。

(vi) 對願望我們有:「祝福」、「詛咒」、「乾杯」等。

(vii) 對挑戰我們有:「我敢」、「抗議」、「不服」等。

在行態的領域，除了有通常的欠切外，另有特別範圍的不誠實。

行態與委諾有明顯的關聯，因爲批評或支持都是對行爲的反應，而使自己受某種行爲的約束。行態與運用也有密切關聯，因爲贊成可能是一種運用權威或對行爲的一種反應。

(5) 表　明

在牽涉觀點的說明、論證的鋪陳、用語的釐清等表明的做行中，要使用表明。我們已經講過，表明是否是裁決、運用、行態或委諾，有可爭議的場合。

表明也可當做裁決的例子有：「審察」、「歸類」、「解釋」，這些牽涉判斷的運用。表明也可當運用的例子有：「承認」、「力勸」、「論辯」、「堅持」，這些牽涉影響力和權力的運用。表明也可當委諾的有：「定義」、「同意」、「接受」、「保持」、「支持」、「檢證」、「發誓」，這些牽涉承當義務。表明也可當行態的有：「抗議」、「託辭」，這牽涉態度的採取或感情的表達。

下面是一些表明的例子。其中主要的有"state"（敍說）、"affirm"（肯定）、"deny"（否定）、"emphasize"（強調）、"illustrate"（例示）、"answer"（回答）。這些都要參考說話的情境。

affirm（肯定）	deny（否定）
state（敍說）	describe（描述）
class（歸類）	identify（辨認）
remark（談及）	mention（談到）
inform（通知）	apprise（通知）
tell（告訴）	answer（回答）
rejoin（回答）	ask（問）
testify（檢證）	report（報導）
swear（發誓）	conjecture（猜測）
accept（接受）	concede（同意，承認）
withdraw（撤回）	agree（同意）
demur to（抗議）	object to（反對）

adhere to（堅持）	recognize（認識，承認）
repudiate（拒絕）	correct（改正）
revise（修訂）	postulate（設定）
deduce（推論）	argue（論辯）
neglect（忽視）	begin by（開始）
turn to（著手）	conclude by（下結論）
interpret（解釋）	distinguish（區分）
analyse（審察）	define（定義）
illustrate（例示）	explain（解說）
formulate（描塑）	mean（意指）
refer（指及）	call（叫做）
understand（了解）	regard as（當做）

總結說來，我們可以說，裁決是判斷的運用，運用是影響力或權力的運用，委諾是義務的承當，行態是態度的採取，表明是理由、論辯和交流的釐清。

第六章 奥斯丁做言理論的回響

一、言行問題

以中文當日常語言來講話的人，常常把「言」、「行」問題相提並論。在本章中，我想利用奥斯丁做言理論的一些概念，或從這個理論所激發的一些想法，來對講中文人的口中所講的言行問題做一些分析和探討，當做我們對奥斯丁做言理論的一種回響。

我們知道，奥斯丁在《如何拿話做事》中所講的做言理論和說話做行論（theory of speech acts），在 1952 年到 1954 年間，在牛津大學講授時所用的題目是「言與行」(Words and Deeds)。言與行的問題當然很多，但從奥斯丁曾使用「言與行」這個題目看來，我們知道奥斯丁的上述兩個語言哲學理論是要處理言與行的問題的。

在本節中，我們將對講中文的人的口中所講的言行問題做一些分析和探討。然後在下一節中，我們將討論《論語》中有關言與行的問題。

在我們講中文人的傳統中雖然常常講到「言」、「行」的問題，但並沒有一種明確的言行的一般理論來支持或說明這些言行的談論。在這裏，我們想對這裏所謂言行做一些初步的分析。

首先，我們常常拿「言」、「行」來評論一個人的品德和品格。在這樣的使用中，所謂行當然是人的行爲或行動，但是所謂言，

其邏輯地位 (status) 如何， 則不清楚。 從某一種意義說，這裏所謂言至少有兩種可能的邏輯地位：一種是和行相對的由人做出的某種特殊事項；另一種是更廣含的行中的某一類，這類言的行和普通非言類的行並立，並共同形成廣含的人的行（爲）。這兩種不同地位的認定，會有這樣的不同的邏輯歸結。如果言是人的行爲的一類，則一個汎講行爲的事項，也可以講到言；也就是講行爲的理論或觀點，也可以用來講言，如果言只是和行相對的而不包含於行，則汎講行爲的事項，不一定可以講到言，也就是講行爲的理論或觀點，不一定可以用來講言。當然，卽使言是行的一類，那些適合於講非言的行的事項，也不一定適合於講言。

在我們講中文人的傳統中，一向對上述言的邏輯地位並不清楚。其實在西方的傳統中，也沒有清楚。奥斯丁的做言理論卻清楚的告訴我們，至少有一大部分的言是應視爲行的一類的。在汎道德的中華文明傳統中，言行常常相提並論。這意味著言，至少一大部分的言，是行的一類。因此，「壞言」就是不好的德性，不好的行爲。當然，這裏所謂壞言不是指科學上假的敍說或描述，這類假敍說假描述與德行無關。

在講中文人的傳統中，至少從四個層面來許論言：第一，就是把言當做一回事，而不計較其內容如何：例如，《論語》說：「食不語，寢不言。」（〈鄉黨第十〉）這是說，在吃飯、睡覺的時候，不要講話。不論是大聲講小聲講，或是講好話講壞話，都不行； 第二， 就言的敍述內容來計較：例如，《論語》說：「子貢曰:『君子一言以爲知，一言以爲不知，言不可不愼也！』」在這裏，子貢說，一個君子人以一句話顯出聰明；也以一句話顯出不聰明。因此，說話不可不謹愼。引申的說，就是我們可以從一個人講的一句話的內容如何，就知道這個人是否聰明；第三，就言的心態來計較：例如，《論語》說：「巧言令色，鮮矣仁。」（〈學而第一〉）這是說，說討人喜歡的話，裝著討人喜歡的臉色，這種人很少是仁者；第四，就言行相提並論來計較：在這裏，所謂言行是否一致是其中最被人注意的問題之一。我們將在下一節對這個問題做進一步的討論。

二、言行不一致

在言行並提的問題中，我們常拿一個人的言行是否一致（consistent）來當做評定他的德行是否好的一個條件。言行不一致的人，當然我們就認定他是一個德行不好的人。那麼，什麼是言行一致呢？如同許多有哲學意義的概念，我們常常以爲很清楚的使用它，但是當我們很認眞的問它是什麼意義時，常常會不知如何回答才好。言行是否一致就是這一種概念。

由於我們注意言行不一致的問題遠勝於言行一致，因此在這裏我們把討論的焦點放在言行不一致。首先我們要知道的，一個人僅僅說錯話或做錯事，沒有什麼言行不一致可言。那最多只可說是言辭矛盾或行爲矛盾。言行不一致的關係是存在於言與行之間的一種關係。汎汎說來，當一個人的講話和他的實際行爲有某種不相稱時，他就常被說是一個言行不一致的人。例如，一個大聲主張節育但自己卻生了一大羣小孩的人，常會被人說是言行不一致的人。雖然一般說來，我們比較會注意「言」是「好的」或「令人滿意的」，而「行」是「壞的」或「不令人滿意的」言行不一致。例如鼓吹節儉的人但自己卻非常揮霍；但是，言是壞的或不令人滿意的，而行卻是好的或令人滿意的，也一樣可以說是言行不一致，例如鼓吹揮霍的人但自己卻非常節儉。

就言和行出現的時間先後來說可以有三種情形，即言在先行在後，言在後行在先，以及言行同時。我們應注意的，一般所謂言行不一致，只在言在先行在後、或言行同時時產生，言在後行在先時不產生。在言在後行在先時，如果言行有什麼阻礙的話，所產生的很可能是「假話」，而不是言行不一致。舉個例子來說。現在假定有一個人說：「我很有信用。」如果他這話的意思是指在他講話以前他一向很有信用，但實際上他並不是很有信用，則一般說來，我們要說他講的這句話（即他的這個言）是假話，而不說他言行不一致。反之，如果他這話的意思是指他在講這句話時或是指他將來很有信用，但實際上他現在或將來卻不是很有信用的話，則一般說來，我們要說他言行不一致，或者在某一種意義上，他這句話爲假。

當我們指摘一個人言行不一致時，我們的重要意思之一，是要大家注意這個人並沒有依照他講的話去做。因此，我們不要被他講的話所欺矇。但是，我們要注意的，話可以欺人，行爲也一樣可以欺人，欺敵就常常以行爲欺騙敵人。

言行不一致之會遭受譴責，至少有兩種理由：一個是被人認爲是有說謊欺人的意圖，因爲言行不一致的人很可能說了自己不想去做的事；另一個理由是說了自己做不到的事，因此就說了大話，不實在。

三、《論語》論言行

在《論語》中直接講到「言」的地方至少有三十七章，這裏所謂直接講到言是指明白提到「言」字。至於言行直接相提並論的，至少有下面這些：

(1) 子貢問君子。子曰：「先**行**；其**言**而後從之。」（〈為政第二〉）

(2) 子張學干祿。子曰：「多聞闕疑，愼**言**其餘，則寡尤。多見闕殆，愼**行**其餘，則寡悔。**言**寡尤，**行**寡悔，祿在其中矣！」（〈為政第二〉）

(3) 子曰：「古者**言**之不出，恥**躬**之不逮也。」（〈里仁第四〉）（此處「躬」字可以說「行」的同義詞）。

(4) 子曰：「君子欲訥於**言**，而敏於**行**。」（〈里仁第四〉）

(5) 子曰：「始吾於人也，聽其**言**而信其**行**。今吾於人也，聽其**言**而觀其**行**。於予與改是。」（〈公冶長第五〉）

(6) 司馬牛問仁。子曰：「仁者，其**言**也訒。」曰：「其**言**也訒，斯謂之仁已乎？」子曰：「**為**之難，**言**之得無訒乎？」（〈顏淵第十二〉）（此地「為」字可以說是「行」的同義詞）。

(7) 子路曰：「衛君待子而為政，子將奚先？」子曰：「必也正名乎？」子路曰：「有是哉？子之迂也。奚其正？」子曰：「野哉，由也！君子於其不知，蓋闕如也。名不正則言不順；**言**不順，則**事**不成；…。故君子名之必可言也，**言**之必可**行**也。君子於其言，無所苟而已矣！」（〈子路第十三〉）（此地「事」字可以視為與「言」相對的「行」，因為「事」是行做的。）

(8)「子」曰：「**言**必信，**行**必果；……」（〈子路第十三〉）

(9) 子曰：「邦有道，危**言**危**行**。邦無道，危**行言**孫。」（

〈憲問第十四〉）

(10) 子曰：「其**言**之不怍，則**爲**之也難！」（〈憲問第十四〉）（此地「爲」字可以說是「行」的同義詞。）

(11) 子曰：「君子恥其**言**之過其**行**也。」（〈憲問第十四〉）

(12) 子張問行。子曰：「**言**忠信，**行**篤敬，雖蠻貊之邦行矣！**言**不忠信，**行**不篤敬，雖州里行乎哉？」（〈衛靈公第十五〉）

(13) 子曰：「羣居終日，**言**不及義，好**行**小慧，難矣哉！」（〈衛靈公第十五〉）

(14) 子貢問曰：「有一**言**而可以終身**行**之者乎？」子曰：「其『恕』乎！己所不欲，勿施於人。」（〈衛靈公第十五〉）

以上列舉了《論語》的十四個章次言行直接相提並論的地方，我們這裏所謂言行直接相提並論，是指明白使用「言」、「行」的字眼，並且以言和行各當做一類事項來相提並論的；至於講到某一種言或某一種行，《論語》中到處都是，不是我們這裏想討論的。現在我們要把這些言行的相提並論做一些分析和討論。

首先，大家都知道的，《論語》的哲學主要是談論道德倫理和做人處世的。任何講這方面的哲學多談行和強調行的重要，是很自然的。但《論語》也相當重視言的問題，在這方面的哲學中是很特別而少見的。《論語》雖然多談行和言，但對這兩者的邏輯地位以及其間的邏輯關係，似乎沒有做過一般的討論，因此也就沒有提出一般的言行概念。

在言行相提並論時，《論語》時常叫人注意不要「言過其行」。所謂言過其行，是指說要去做的事項但並沒有去做，或者說要好好去做的事項，卻沒有好好去做。例如，孔子叫人「先行其言而後從之」，也就是，先把事做好，然後再來說。孔子叫人「訥於言，敏於行」，也就是，說話要愼重，做事要敏捷。孔子叫人「聽其言而觀其行」，也就是，聽別人的講話還不够，更要看看他的行爲，尤其是他有沒有照他講的話去做。孔子更明白的說：「君子恥其言之過其行也。」也就是說，君子以說到做不到爲恥。

叫人不要言過其行，這是很容易了解的道理；因爲一般說來，尤其是在日常事務上，一個人只要有一張嘴就可以很容易「說大話」，但因受說話者自己的條件，以及環境和社會條件的種種限制，無法把大話的內容或充分內容用行爲實現出來。無法用行爲實現的大話，不是變成欺人的謊言就是變成「空話」。但有一點要注意的，空話有時候也有「實用」的價值。撇開欺人之言而可以獲得實利不談，空話有時候也有「好的」實用價值。例如，一個戰場上的指揮官明知我軍彈盡援絕，但卻向戰場上的官兵說：「我軍必能給敵軍迎頭痛擊」這個大話和空話。後來敵軍因某種原因果然撤退了。在這裏，這位指揮官雖然「言過其行」，因爲已經彈盡援絕，怎能給敵軍迎頭痛擊呢？但是，他的大話和空話卻在某一意義上被當做「迎頭痛擊」的行爲，把敵人「擊退」了，因爲敵人實際上已撤退了。因此，他的大話和空話「實現了」擊退的行爲；這樣，他似乎並沒有「言過其行」；這樣，他變成說了實話而不是說大話和空話了。這樣，他就「拿話做了事」。在這個意義上，人們時常有意無意的拿話去做事，就樣說話本身就在這個很重要的意義上變成行爲——可以實現某些事情的行爲。《論語》並沒有注意到這一點，現在的語言分析家似乎也沒有特別注意到這一點。

在言行相提並論中，除了叫人不要言過其行以外，《論語》大半都把言行並列爲做人處世甚至治國應注意的兩個重要事項，對言行孰重並沒有計較。例如，子張要學干求祿位的方法，孔子就說：「多聞闕疑，愼言其餘，則寡尤。多見闕殆，愼行其餘，則寡悔。言寡尤，行寡悔，祿在其中矣！」也就是說，多聽人家的話，而把可疑的部分擱置一邊，就是其餘的部分，也要謹愼去講，這樣便少過失；多看人家的行事，把不妥的部分擱置一邊，就是其餘的部分，也要謹愼去做，這樣便可少悔恨；說話少過失，行事少悔恨，祿位就在其中了。在這裏，孔子把言和行當做對等的東西相提並論；就談論人類事務來說，有突顯言的意味。孔子說：「言必信，行必果。」也就是說，說話必定要有信用，行事必定要有結果。在這裏也是把言和行對等並提。孔子又說：「邦有道，危言危行；邦無道，危行言孫。」也就是說，國家有正軌時，言正行正；國家無正軌時，行正但出言謙遜。孔子又說：「言忠信，行篤敬，雖蠻貊之邦行矣。言不忠信，行不篤敬，雖州里行乎哉？」也就是說，一個人說話能够忠實誠信，行事能够篤厚恭敬，雖然是在蠻夷的地方，也行得通；一個人說話不忠實誠信，行事不篤厚恭敬，卽使在鄉里能行得通嗎？孔子又說：「羣居終日，言不及義，好行小慧，難矣哉！」也就是說，一堆人一起整天，談的都是不正經的話，喜歡賣弄小聰明，這樣的人就難有成就了！以上這些，也都把言和行對等來討論。在這樣的對等討論中，無異突出言的地位。

在《論語》中，把言和行之某一項或多項一起談論的就更多了。在這些地方雖然沒有明白提到「行」字，但所講到的卻是行

之某一項或某些項。例如:

(1) 子曰:「巧言令色,鮮矣仁。」(〈學而第一〉)也就是說,說討好人的話,裝討好人的臉色,這種人很少是仁者。在這裏,把巧言和行之一項「令色」一起,當仁者的消極條件。

(2) 子夏曰:「賢賢易色,事父母能竭其力,事君能致其身,與朋友交,言而有信,雖曰未學,吾必謂之學矣。」(〈學而第一〉)也就是說,娶妻重賢慧輕姿色,奉事父母能竭盡心力,奉事君上能獻身職守,和朋友交往,說話有信用;這樣的人,雖說沒有讀過書,我也必定說他讀過書。在這裏,言而有信和其他三種行事一起,被當做有讀過書的特徵。

(3) 有子曰:「信近於義,言可復也。」(〈學而第一〉)也就是說,對人家所作的諾言如果近於合理,則這個諾言可以實現。在這裏提出諾言可以實現的一個條件,卽諾言和約信要近於義,卽近於合理。不能實現的諾言,就會形成言行不一致。

(4) 子曰:「敏於事而愼於言,就有道而正焉,可謂好學也已矣。」(〈學而第一〉)也就是說,勤敏做事,謹愼說話,並且向講道理的人請教,這樣的人可說是好學了。在這裏,孔子把謹愼說話當所謂好學的一個要件。

(5) 子曰:「巧言,令色,足恭,左丘明恥之,丘亦恥之。」(〈公冶長第五〉)也就是說,說討好人的話,裝討好人的臉色,向人過度卑躬的樣子,孔子認爲是可恥的。在這裏,巧言和行爲令色和足恭並列,被孔子認爲是可耻的事項之一。

(6) 曾子言曰:「鳥之將死，其鳴也哀；人之將死，其言也善。君子所貴乎道者三：動容貌，斯遠暴慢矣；正顏色，斯近信矣；出辭氣，斯遠鄙倍矣。」(〈泰伯第八〉) 也就是說，鳥將死的時候，鳴叫的聲音悲哀；人將死的時候，說出的話善良。君子所重視在禮上有三項：動容貌以禮，便可遠離暴慢；正顏色以禮，便可接近誠信；出辭氣以禮，便可遠離鄙背。在這裏，曾子把人的說話和鳥的鳴叫相比。但鳥的鳴叫，是自然生物的一種現象，而人的說話則比自然生物更高一層的現象。鳥將死時因無力氣，故其鳴叫微弱，似爲悲哀，但是否悲哀無人知道。人將死時說話聲雖然微弱，但微弱未必就是善良，是否善良應從其內容來判斷，而不是從聲調的強弱來判斷。鳥的鳴叫基本上是生理的，人的說話基本上是人文的。其次，曾子把說話的聲調當做禮的一個要素。

(7)「孔子於鄉黨，恂恂如也，似不能言者。其在宗廟朝廷，便便言，唯謹爾。」(〈鄉黨第十〉) 也就是說，孔子在家鄉，態度恭愼，好像不會說話的樣子。他在宗廟和朝廷上，卻言詞明辨，但說話的態度很謹愼。在這裏，《論語》指出孔子在兩種特別的不同情境中——在家鄉和在宗廟及朝廷——說話的態度、心境和表現會有所不同。在家鄉，似不能言；在宗廟和朝廷，則便便言。我們認爲，這是一個細微而深刻的發現。一個在大學講堂上侃侃而談的教授，在結婚典禮的來賓致詞上可能講得

結結巴巴。《論語》又舉下面的例子說:

(8) 朝與下大夫言，侃侃如也。與上大夫言，誾誾如也。（〈鄉黨第十〉）也就是說，孔子在朝廷上和下大夫談話，顯得很和樂；和上大夫談話，顯得很嚴正。

(9) 過位，色勃如也，足躩如也，其言似不足者。（〈鄉黨第十〉）也就是說，孔子經過君位前面，容色莊敬，腳步迅速，說話不敢放肆，好像沒把話說完似的。

(10) 食不語，寢不言。（〈鄉黨第十〉）也就是說，《論語》叫人吃東西和睡覺的時候不要講話。在這裏，《論語》的話講得太概括，因此有問題。現在的人多半利用吃飯的時候做社交談生意，入睡之前大聲談話，或談不愉快的東西當然不好，但小聲談輕鬆愉快的東西，或者唱催眠曲給小寶寶，卻是好事。

(11) 車中……不疾言。（〈鄉黨第十〉）在這裏《論語》叫人在車上不要高聲講話，這當然是對的，因為高聲講話可能會干擾司機和其他的乘客。

(12) 子曰:「回也，非助我者也! 於吾言，無所不說。」（〈先進第十一〉）在這裏孔子說，顏回不是一個有助於他的人，因為顏回對他講的話沒有不喜悅的，因而對他沒有挑戰質疑，不能發揮教學相長之助。這至少是對言詞功能的一種反省。

(13) 子曰:「片言可以折獄者，其由也與!」（〈顏淵第十二〉）在這裏孔子說，聽片面之辭便能夠判斷訟案的，似只有子路吧! 論者以此說是孔子稱讚子路有明斷的能力和德性。但從我們第三者看來，這豈不是也暴露子路有「武斷」的毛病嗎?

(14) 定公問:「一言而可以興邦，有諸?」孔子對曰:「言不可以若是，其幾也! 人之言曰:『爲君難，爲臣不易。』如知爲君之難也，不幾乎一言而興邦乎?」曰:「一言而喪邦，有諸?」孔子對曰:「言不可以若是，其幾也! 人之言曰:『予無樂乎爲君，唯其言而莫予違也。』如其善而莫之違也，不亦善乎? 如不善而莫之違也，不幾乎一言而喪邦乎?」(〈子路第十三〉)在這裏魯定公問，有沒有一句話就可以使國家興盛起來的? 孔子回答說，說話恐怕不會像這樣；不過，也許幾乎是這樣。例如，有人說:「做國君難，做臣子也不容易。」那麼，如果知道做國君是難的，這句話不也幾乎可以使國家興盛起來嗎? 魯定公又問，有沒有一句話就可以使國家衰亡下去的? 孔子回答說，說話恐怕不會像這樣；不過，也許幾乎是這樣。例如，有人說:「我對於當國君沒有什麼快樂的，唯一可快樂的是我的話沒人敢違抗。」如果國君的話是好的而沒有人違抗，不是很好嗎? 如果國君的話是不好的而沒有人違抗，那這話不就幾乎可以使國家衰亡嗎? 在這裏我們不論孔子所說的「那一句話」可以興邦或喪邦是否正確，至少魯定公和孔子談到語言的力量，甚至一句話可以興邦或喪邦的語言的力量的問題。在日常生活上一句話可以使事成或事敗的例子不勝枚舉。例如，一句關鍵性的話可以使一筆生意成功或失敗，一句當事人喜歡聽的話可以使一門婚事成功；反之，一句當事人不喜歡聽的話可以使一門婚事失敗。就興邦喪邦而言，在國際條約上，一個條文可以割讓土地，喪權辱國；也可以獲得土地，「開拓疆土」。眞是一言可以興邦，可以喪邦！

(*15*) 子曰：「有德者必有言，有言者不必有德。」（〈憲問第十四〉）在這裏孔子說，有德行的人必定會說話，但會說話的人不一定有德行。我們認爲這第一句話未必對，雖然如此，孔子卻講了德和言的關係。這是值得注意的。

(*16*) 子路問成人。子曰：「今之成人者，……見利思義，見危授命，久要不忘平生之言，亦可以爲成人矣！」（〈憲問第十四〉）在這裏子路問怎樣才算是成人——人格完備者。孔子回答說，看到利而能想到義，遇到危難而能不顧生死，與人有舊約而能不忘平日的諾言，也就可以算是成人了。在這裏孔子把守諾言，也就是言行一致，當做成人的一個條件。

(*17*) 子問公叔文子於公明賈曰：「信乎，夫子不言不笑不取乎？」公明賈對曰：「以告者過也。夫子時然後言，人不厭其言；樂然後笑，人不厭其笑；義然後取，人不厭其取。」（〈憲問第十四〉）在這裏孔子問公明賈關於公叔文子的爲人說，公叔文子眞的是不言、不笑、不取的嗎？公明賈回答說，傳話的人說錯了。實際上，他是在該說話的時候才說話，因此人家不會討厭他的話；高興的時候才笑，因此人家不會討厭他的笑；應該取得的時候才取得，因此人家不會討厭他的取得。在這裏，也把說話時機的適當當做評論德行的一個條件。

(18) 子曰:「可與言而不與之言，失人；不可與言而與之言，失言。知者不失人，亦不失言。」(〈衛靈公第十五〉)在這裏孔子說，可以和他講話而不和他講話，便會失掉這個人；不可以和他講話而和他講話，便是講錯了話。聰明的人，不會失掉人，也不會講錯話。這滿有道理。以交異性朋友為例，如果對一個對你有好感的人，你不主動和他或她說話，你就交不到這個朋友。不過，只要你是一個很會掌握自己語言的人，不論和誰講話，我想不會有什麼「失言」。何況，我們也可能用我們的語言來說服我們的敵人，這一點孔子也許沒有注意到，語言的力量在乎你怎樣應用。

(19) 子曰:「君子不以言舉人，不以人廢言。」(〈衛靈公第十五〉)在這裏孔子說，君子不因為一個人講的話是好的，就推舉他；不因為一個人是壞的，就廢棄他講的話。我們知道孔子也講過「有德者必有言，有言者不必有德」。孔子的「不以言舉人」、「有言者不必有德」和「巧言……鮮矣仁」似乎相通。在傳統的基本邏輯課本上有所謂人身攻擊的謬誤。這是說，在論述上如果拿一個人品德不好為理由來論斷說他的見解或主張也不好，這是一個不正確的論證，因為品德不好的人的講話也很可能是好的。因此，我們不應做人身攻擊的論證，也可以說是不以人廢言。

(20) 子曰:「巧言亂德。」(〈衛靈公第十五〉)在這裏孔子說，一個人聽別人的花言巧語或自己花言巧語會淆亂他的德行。這裏指出說話會影響一個人德行，這是一個對語言很深的洞察。

(21) 孔子曰:「侍於君子有三愆:言未及之而言，謂之躁;言及之而不言，謂之隱;未見顏色而言，謂之瞽。」(〈季氏第十六〉)在這裏孔子說，侍奉君子時常有三種過失，這三種過失是躁、隱和瞽;還沒有等到他該說話而說話，是為急躁;等到他該說話而不說話，是為隱瞞;沒有看對方顏色而說話，是為瞎眼。在這裏孔子描述了三種說話的樣態，並且給它做心態上或倫理上的評定。

(22) 孔子曰:「君子有三畏，畏天命，畏大人，畏聖人之言。小人不知天命而不畏也，狎大人，侮聖人之言。」(〈季氏第十六〉)在這裏孔子說，君子有三種敬畏:敬畏天命、敬畏大人和敬畏聖人的話。小人不知什麼是天命而不敬畏天命;小人輕視大人、侮蔑聖人的話。敬畏天或天命，這是一種自然哲學。敬畏某某人或某某種類的人，這是一種人文景象。如果敬畏聖人之言，是因敬畏聖人而轉化的，則它是一種人文景象，否則由於言只有對錯好壞，沒有什麼敬不敬畏可言。我們可以說侮蔑天或人，言本身沒有什麼侮蔑可言。畏言侮言的說法是一種拜字教，一種迷信。

(23) 子曰:「予欲無言!」子貢曰:「子如不言，則小子何述焉?」子曰:「天何言哉?四時行焉，百物生焉，天何言哉?」(〈陽貨第十七〉)在這裏孔子說，他想不說話了。子貢說，如果老師不說話，則弟子何從傳述呢?孔子回答說，天何曾說什麼?但四季運行，萬物生息。

天何曾說什麼? 我們要問的是: 天會像人那樣說話嗎? 如果不會, 問天何從說什麼有什麼意思呢? 如果會, 那麼天說過什麼話? 我們認爲孔子在這裏只是用比喻的說法講天何曾說什麼, 而不涉及天會不會說話的哲學問題。

(24) 子貢曰: 「君子一言以爲知, 一言以爲不知, 言不可不愼也。」(〈子張第十九〉) 在這裏子貢說, 一個君子人以一句話就顯出他聰明或不聰明, 因此說話不可不謹愼。這雖然有點言過其實, 不過從人的說話談吐中卻相當可以看出他多聰明或多笨。

(25) 子曰: 「不知言, 無以知人也。」在這裏孔子說, 不懂得一個人的話, 就不懂得這個人。如果孔子在這裏是非常認眞而不是隨機而說的話, 這是一句非常深刻的一句話。哲學家維根斯坦說: 「我的語言的界限意指我的世界的界限。」他又說: 「世界與生命是一個。」他也說: 「世界是我的世界」以及「我是我的世界」。因知道一個人的語言, 就是知道這個人。

以上我們把《論語》中談論到言和言行並論的地方, 加以簡單的解說和評論。《論語》談論到這些的地方可以說不少, 而且大部分還滿有道理, 但似乎並沒有一種語言哲學或行爲哲學來貫穿它們。

第七章　塞爾對說話做行論的回響

一、命題做行的提出

奧斯丁對他的說話做行論，只有演講和講稿，沒有寫過正式的文章，但是這個理論可以說是他的最後的語言哲學理論。這個理論不但在哲學，而且也在其他許多學術領域，譬如語言學和傳播學，產生很大的影響和回響。在本書中我們將討論哲學上兩個人的回響。一個是塞爾（J. R. Searle），一個是柯亨（L. Jonathan Cohen）。本章討論塞爾的，下一章討論柯亨的。

塞爾是美國柏克萊加州大學哲學教授。他是當年奧斯丁在英國牛津大學的學生，他可以說是奧斯丁的說話做行論最大和最著名的發展者和鼓吹者。我們在這裏將只討論他的命題做行的提出和他對「答應」(promise) 這個在言做行的分析。本節先討論他的命題做行❶。

---

❶ 塞爾主要在下面三個著作中討論這兩個問題：(1)〈什麼是說話做行？〉(What is a Speech Act?), *Philosophy in America*, 布雷克 (M. Black) 編 (Allen & Unwin, 1965)，頁 221-39；此文收集在塞爾編的《語言哲學》(*The Philosophy of Language*)(牛津大學 1971)，頁 39-53。(2)〈奧斯丁論言辭做行與在言做行〉(Austin on Locutionary and Illocutionary Acts), *Philosophical Review* vol. lxxvii, no. 4, 1968；此文收集在《論奧斯丁文集》(*Essays on J. L. Austin*)，瓦諾克(G. J. Warnock) 等編著（牛津大學 1973），頁 141-159。(3)《說話做行》(*Speech Acts*)，劍橋大學 1969，尤其是第三章。

在發展奧斯丁的說話做行論中，塞爾提出了一個基本的修正觀點。這個觀點簡單的說是，他拿所謂的命題做行（propositional act）和在言做行的區分，來取代奧斯丁的言辭做行與在言做行的區分。他說：

> 在企圖探究奧斯丁的**在言做行**的觀念中，我發現他的言辭做行這個對應的觀念很無益，因而勢須採取一種十分不同的在言做行與命題做行的區分。我認爲這種不同不只是一項分類學上的偏好，而牽涉重要的哲學議題——諸如敍說的性質，眞與假與敍說的關聯方式，以及語句意指什麼與說話者在講出語句時，他們意指什麼的關聯方式等的議題❷。

塞爾做這種修正取代的理由，可以分三個步驟來說明：第一個步驟是，奧斯丁原來那樣徵定的言說做行（rhetic act），連同他原來那樣徵定的言辭做行，必須予以取消。我們知道，奧斯丁原來的分類包括下面幾種做行（暫時不管他的由言做行）：

言辭的　吐音的（phonetic）
　　　　語詞的（phatic）
　　　　言說的（rhetic）
在言的

在取消了言說做行和言辭做行以後，依塞爾，我們剩下下面的做行：

---

❷ 參看瓦諾克等編著，《論奧斯丁論文集》，頁141。

吐音的

語詞的

在言的

塞爾爲什麼要做這樣的取消呢? 他的初步理由是: 言辭做行和在言做行是兩個彼此不排斥的類，有些言辭做行是在言做行。因此，這兩種做行的區分似乎不能完全普遍。塞爾認爲，同一個言辭做行可以具有不同的在言示意。例如，一個認眞講「我將做它」(I am going to do it) 這個語句的人，可以是在做答應、預測、威脅、警告等等。一個語句可以決定講出這個語句的（至少一個）在言示意。當一個語句講出唯一決定某一個特定的在言示意時，其言辭做行和在言做行實際上是相同的一個，這時候只是對相同一個做行用兩個不同的標名。奧斯丁說這兩個做行都是從全說話做行做的一個抽象，但是塞爾認爲，困難在對一大部分的情況來說，尤其是所有牽涉到在言動詞的做言使用，我們沒有辦法在不攫取在言做行中抽取言辭做行。塞爾說，在在言示意包含在一個講話的意義的場合，講話意義的抽取必然會抽取這個在言示意。

塞爾認爲，言辭做行的**概念**（concept）的確和在言示意的**概念**不同。但是有許多言辭做行會決定某一個特定的在言做行。因此，在言做行**類**（class）將含有言辭做行類的分子。概念雖然不同，但是它們指稱重疊的類。因此，言辭做行和在言做行的區分，無甚益處。

塞爾更進一步分析和論證說，報導**言說**做行（rhetic act）的動詞片語一定會含有**在言**動詞。由於每一個言辭做行一定含有一個言說做行，因此，每個言說做行，因而每個言辭做行，是一個在言做行。因此，言辭做行類的所有分子是在言做行類的分子。這樣，言辭做行和在言做行，就不會是彼此相斥的類。這樣，言說做行和言辭做行就沒有相對於在言做行做區分的益處。

現在讓我們看看，塞爾如何論證我們沒辦法抽取言說做行而不也抽取在言做行。我們知道，奧斯丁把言辭做行分析成三部分：**吐音做行**是發出某些聲音的做行，**語詞做行**是發出某些語詞的做行，而**言說做行**是以含有一定或多或少意思和稱指的語詞的做行。這些合在一起構成言辭做行。如同言辭做行和在言做行那樣，這三個做行也都是一個「抽取」。在比較言辭做行和在言做行時，奧斯丁舉出下面對照的例子：

> 言辭：他對我說：「射她！」「射」意指射而「她」稱指她。
>
> 在言：他促（建議、命令等等）我射她。
>
> 言辭：他對我說：「你不能做那。」
>
> 在言：他抗議我做那❸。

在這裏，他拿直接引用形式來辨認言辭做行，而拿間接引用來辨認在言做行。辨認言辭做行的語句含有引號，辨認在言做行的語句則沒有。但塞爾說，在別的地方❹，當奧斯丁討論言辭做行的內部結構時，他在言辭做行裏面區分語詞做行和言說做行，在那裏他使用直接引用來辨認語詞做行，而使用間接引用來辨認言說做行。他說：

---

❸ 《如何拿話做事》，頁 101-102。
❹ 前書，頁 95。

他說:「我將在那裏。」(語詞的) 他說他將在那裏 (言說的)。

他說:「出去。」(語詞的) 他叫我出去 (言說的)。

他說:「它是在牛津還是在劍橋?」(語詞的) 他問它是在牛津還是在劍橋 (言說的)。

塞爾說，初看起來，這似乎是不一致的，卽在一個地方奧斯丁使用直接引用來辨認言辭做行，以之比較使用間接引用來辨認的在言做行，而在另一個地方卻使用間接引用來辨認言辭做行的言說部分，以之比較使用直接引用來辨認的言辭做行的另一部分——語詞做行。但是塞爾說，如同奧斯丁看到的，這**不一定**是不一致的，因爲由於言辭做行是定義成以一定的意思和稱指講出一個語句，因此該意思和稱指將決定一個適當的間接引用形式，用來報導言辭做行。例如，如果語句是命令的，則這個命令式的意思會決定適當的間接引用形式會是諸如「他叫我……」等的形式; 如果語句是問句的，它會是「他問我是否…」。但是塞爾說，間接引用形式會遇到的一個關鍵困難是: 報導言說做行的動詞片語一定含有在言動詞。雖然這些是非常一般的在言動詞，但它們是在言的，試看「他叫我去做…」。「他叫我去做…」這個形式不是涵蓋一個非常一般的在言示意類嗎? 它包含諸如「他命令、要求、促使、建議我去做」這些特定的在言示意。在奧斯丁的間接講話報導言說做行的例子中的動詞，都是一種非常一般的在言動詞。在這種一般動詞諸如「叫…去做」之下，有不同類的在言動詞，譬如命令、要求、促使、建議等。「叫…去做」這個動詞滿足奧斯丁的在言示意動詞的標準。因此，塞爾說，在仔細檢查之下，我們發現，在徵定言說做行中，奧斯丁已經不注意地把它們徵定爲在言做行。再說，塞爾認爲我們沒辦法給一個言說做行的一個間接講話報導，不會轉成某一在言做行的報導。也就是說，沒有一個言說做行是示意中立的 (force-neutral)，也就是無示意性的。因而也沒有一個言辭做行是示意中立或無示意性的。因此，塞爾說，我們確實有發出聲音的吐音做行、發出語詞的語詞做行，以及做諸如敍說、問話、命令等的在言做行，但卻沒有不是已經是在言做行的使用含有一定意思和稱指的語詞的什麼做行。

現在讓我們討論塞爾怎樣提出他的命題和命題做行的觀念，用來當作他提出前述修正取代說明的第二步驟。塞爾認爲，不同的在言做行常常具有共同的特色。試看下面諸語句的講出：

(1) 約翰將離開房間嗎？ (Will John leave the room?)

(2) 約翰將離開房間。 (John will leave the room.)

(3) 約翰，離開房間！ (John, leave the room!)

(4) 願約翰離開房間。(Would that John leave the room.)

他說，在一定場合，這每一個講話會徵定做出不同的在言做行。第一個會是一個問話，第二個會是對將來的一個斷說，即一個預測，第三個會是一個請求或命令，而第四個會是表達一個願望。他說，在做這每一個講話中，說話者會徵定做出一個附屬的做行，這個做行是這四個做行中共同有的。他說，在這每一個講話中，說話者**稱指** (refer) 某一特定的人約翰，並且**述說** (predicate) 這個人離開房間的行爲。這個稱指和述說是這個說話者講出這些說話的一部分。這個部分是這四個講話所共有的。雖然這四個講話的在言做行不同，但它們有一個共同的**內容**（content）。這個內容就是說話者稱指約翰，並且述說約翰離開房間。塞爾把這種共同的內容叫做「命題」（proposition）。他說，在講出上述（1）～（4）時，說話者都做了相同的稱指和述說，也就是說話者都表達（express）了約翰離開房間這個命題，而且這個命題是說話者在做各個不同的完整的說話做行中表達出來的。譬如，在（1）是問話做行，（2）是斷說做行，（3）是請求或命令做行，而（4）是願望做行。

這樣，在講出上例的四個語句中，說話者徵定做了至少三種不同的做行：（a）講出字詞（語詞、語句）；（b）稱指和述說；（c）敍說、問話、命令、願望等等。塞爾並給這些做行取了名字如下：

（a）講出字詞（語詞、語句）＝做**講話做行**（utterence act）。

（b）稱指和述說＝做**命題做行**（propositional act）。

（c）敍說、問話、命令、願望等＝做**在言做行**。

但要注意的，塞爾說，我們不是如同一個人同時做抽煙、閱讀和抓頭那樣，同時做這三個分離的做行，而毋寧是在做在言做行中徵定做命題做行和講話做行。這三種做行的「辨認標準」是不同的。我們已經知道，同一個命題做行可以爲不同的在言做行所共有，我們可以不做命題做行或在言做行，而做講話做行（我們可以講出字詞或語句，而不說什麼）。一個人可以講出不同的字詞或語句，而做同一個命題做行或在言做行。

有一點要注意的，塞爾說，命題做行不能單獨出現，也就是說，我們不能**僅只**稱指和述說，而不做斷說、問話或做其他的在言做行。稱指和述說只是做一個在言做行的部分。用一個完整的語句表示的是一個在言做行；命題只能用“that”子句顯示出來，譬如用“that John will leave the room”，或用中英「合併式」寫出的「that 約翰將離開房間」顯示出來。一個斷說是一個在言做行，但一個命題（本身）不是什麼做行，雖然表達一個命題的做行是做某一個在言做行的部分。一個命題的表達是一個命題做行，不是一個在言做行。當我們表達一個命題時，總是要表達在做一個在言做行中。

塞爾設計一種語法方式，來區分命題做行和在言做行❺。他提出下面這個在言做行的一般形式：

F(p)

其中變號“F”以表示在言示意的設計當值，而“p”則以命題的表達式當值。這樣我們可把不同的在言做行符示，譬如如下：

⊢(p) 當斷說 !(p) 當要求

Pr(p) 當答應 W(p) 當警告

?(p) 當是非問話

例如，設“p”爲「你去美國」。那麼

⊢(p) 就是「你去美國」。

Pr(p) 就是「我答應你去美國」。

!(p) 就是「我請你去美國」。

我們對塞爾以命題做行與在言做行的區分，取代言辭做行與在言做行的區分的第三步說明是，他最後以下列做行的分析：

講出做行 (utterence act)

命題做行

---

❺ 參看塞爾：《說話做行》，頁 31。

在言做行

由言做行

取代奧斯丁原有的下列區分:

言辭做行　吐音做行

　　　　　語詞做行

　　　　　言說做行

在言做行

由言做行

這兩者實際的不同是，塞爾取消了言辭做行和言說做行，並添加了命題做行。

塞爾認爲命題做行與在言做行的區分，實際上在奧斯丁的心中是已經有的。他說:

> 現在我想考慮一個第三種區分（按：卽指命題做行與在言做行的區分），我想這是奧斯丁的心中已經有的。

他說:

> 我們從說話做行的在言（暫不管由言）層面抽出敍言講話 (constative utterence)，並且我們集中注意在言辭的…。我們盡可能注意這個講話的在言示意，並從與事實相符的層次抽取做言講話。

> 這些以及其他的短註提示我說，奧斯丁心中也許有在一個在言做行中的內容，或如同有些哲學家叫它爲命題，與示

意之間的區分，…我們需要區分在言做行與命題做行——即表達命題（一個對在言示意中立的片語）的做行。而這種區分的所在是，命題做行的辨認條件與全在言做行的辨認條件不同，因爲同一個命題做行可以出現在所有不同種的在言做行中。當我們關心的是所謂敍言時，我們確實傾向注意於命題層面勝於注意在言示意層面，因爲牽涉「與事實相符的是命題。當我們考慮所謂做言時，我們儘量注意講話的在言示意」❻。

二、答應的充分必要條件

奧斯丁的說話做行論的中心部分在在言做行。因此，對在言做行的某一部分或某一觀念做仔細深入的探討，是對說話做行論做更深入了解的一個有用辦法。塞爾曾對「答應」(promise) 這個典型的在言做行做詳細的分析。在本節中，我們將介紹他的這個分析，他這個分析很可以當作我們對其它在言做行做分析的參考。

在分析「答應」這個在言做行之前，塞爾曾對「規則」(rule)、「命題」和「意義」(meaning) 提出他自已的一些徵定和了解，當作分析答應做行的背景概念。在前節中，我們對他的命題徵定做了些介紹。在這裏我們不準備特別介紹他徵定的規則和意義❼，但在下面的討論中，我們會注意他的這些徵定。

---

❻ 瓦諾克等編著：《論奧斯丁論文集》，頁 155-156。

❼ 對他徵定的規則和意義有特別興趣的讀者，可參看他的〈什麼是說話做行〉和《說話做行》，頁 33-50。

塞爾問：一個講話要成爲一個誠實(sincere)和無缺點（non-defective）的答應（promise）做行的充分又必要的條件是什麼。設有一個說話者S在一個聽話者H面前講出一個語句T，那麼，在正經的（literal）講出T中，S誠實而無缺點地給H答應P，恰好如果下面(1)到(9)的條件得到滿足：

(1) **正常的輸入和輸出條件得到滿足**：這裏「輸入」和「輸出」兩詞用來涵蓋一個大而不確定範圍的條件中，在這些條件下任何種眞正（serious）和正經的（literal）的語言上的溝通是可能的❽。「輸出」涵蓋可使人了解的講話；而「輸入」則涵蓋可了解人講話的條件。這些合起來包括諸如：說話者和聽話者都知道如何去講語言；都意識到他們在做什麼；他們沒有溝通上身體的障礙，譬如耳聾、失語症或喉炎；和他們不是在演戲或講笑話等等。

(2) **在講出T中S表達命題P**：這個條件從說話做行的其他項目中分離出命題P，使我們能够在其他事項的分析中，注意到當作一種在言做行答應的特殊性。例如，下面三個講話只有第一個是在做答應：

(a) 我答應給這個大學命名爲「日出大學」（I **promise** to name this university as Sunrise University）。

(b) 我給這個大學命名爲「日出大學」（I **name** this university as Sunrise University）。

(c) 我阻止這個大學命名爲「日出大學」（I **prevented**

---

❽ 這裏「眞正」一詞的意義是相對於演戲的講話，教某種語言、吟詩、發音練習等等，而「原本」的意義是相對於比喻、諷刺話等等。

this university from being named as Sunrise University)。

這是因爲只有 (a) 分離出「答應」去給一個大學命名這個特性，(b) 不是答應去給什麼做命名，而是「就在」給什麼做命名，而 (c) 也不是答應什麼，而是在報導我阻止命名這個事實。

(3) 在表達P中，S述說S的一個將來的做行A： 在答應這個在言示意的場合，其示意的指示設計是一個這樣的詞組，其示意範圍包括命題P的若干特徵。在一個答應中，一個做行必須述說說話者，而這個做行不能是一個過去的做行。我不能答應已經做些什麼，我也不能答應別人將做什麼。在說話做行論中，塞爾所講的做行這個觀念包括抑制做行、做序列的做行和一些狀態。我可以答應不做什麼，我可以答應重複或連續做什麼，我也可以答應保持某種狀態或情況。

塞爾把上述條件(2)和(3)叫做命題的內容條件。

(4) H喜歡S做A勝於他不做A，而S也相信H喜歡他的做A勝於他的不做A： 答應與恐嚇之間的一個關鍵不同之點是，一個答應是爲你而不是對你去做什麼東西的一個誓約，而一個恐嚇是對你而不是爲你去做什麼東西的一個誓約。如果一個答應所答應的事項是受答應者並不想被做的事項，則這個答應是有缺失的。又如果答應者並不相信受答應想所答應的事項被做成，則這個答應是有缺失的，因爲一個無缺失的答應必須被意圖爲一個答應，而不是一個恐嚇或警告。再說，不像邀請，一個答應通常要有需求這個答應的某種情境。這種情境的一個關鍵特徵似乎是受答應者希望或想要一些什麼被做，而答應者也知道這個希望或想要。

我們知道， 在這裏塞爾是拿英文的動詞“promise”來分析的，這一詞最通常的中譯應該是「答應」。在討論做行“promise”的第四個條件時，塞爾舉了若干貌似的反例。但這些所謂反例，似乎很難以中文的「答應」來說明，因此在這裏我們以他的原英文例句來討論。

假定我對一個懶惰的學生說：“If you don't hand in your paper on time I **promise** you I will give you a failing grade in the course”（如果你不準時交你的報告，**我跟你說喲**！我將給你這個科目不及格❾）。這個講話是一個“promise”（答應）嗎？ 塞爾認爲不是。他認爲我們會更自然地把它描述爲一個警告，甚或是一個恐嚇。但是，在這裏爲什麼可使用“I promise (you)”（我跟你說）呢？塞爾的解釋是，“I promise”和“I hereby promise”這些造詞是英文所能提供的給「約束」(commitment) 的最強的在言示意的設計。因此在不是嚴格的講答應的說話做行中，我們常常會使用這些造詞，我們想用以強調我們的約束程度。爲說明這，塞爾再舉一個不同方向的反例。人們要做一個強調的斷說時，有時候會說“I promise...”。例如，假定我指控你偷了錢。我說：「你偷了那錢，沒有嗎？」你回答說：“No, I didn't, I promise you I didn't”（不，我沒有，我跟你說我沒有）。在這裏你做了一個答應嗎？塞爾認爲把你的講話描述爲一個答應，是非常不自然的。他認爲把這個講話描述爲一個強調的否定會更適當。他說，我們可以把這裏出現的在言示意

❾ 在這裏我們把“I promise you”譯成「我跟你說」可以說是一種「意譯」。在這裏「我跟你說」有警告或恐嚇的意思，譬如「我跟你說喲，你不走我就放狗！」

的設計 "I promise" 解釋為是從眞正的答應的一個衍生，在這裏當作強調你的否言的一種附加表示。

(5) 對S和H來說，都不明白在正常的事件過程中 S 將做 A：這個條件是許多不同種在言示意的一個一般條件的一個事例。這一一般條件是說，一個做行必須要有一個目的點。例如，假如我對某人做一個要求，去做獨立於這個要求他顯然已經在做或即將去做的事項，則我的要求就沒有目的，而在這一點上，我的要求是有缺失的。在實際的說話情境中，知道做在言做行的聽話者會認定這個條件是滿足的。例如，假定在一個公開演講中我對聽眾之一說：「喂，阿秋，請注意聽我講的。」在解釋這句話中，聽眾必須認定阿秋並沒有注意聽講，或至少不明白他在注意聽講，因此才有產生他沒有注意聽的問題，因為做一個無缺失請求的一個條件是，不明白聽話者正在做或即將做所請求的事項。

答應的情境也一樣。對所有有關的人都明白我將去做的事項我去做答應，對我是不適當的。如果我做這種答應，我的聽眾對我的講話唯一能做的合理解釋是，認定我相信有人不明白我將去做所答應的事項。一個正在百貨公司為他的女兒買生日禮物的爸爸，對伴隨他的女兒說：「小葳，爸爸答應買生日禮物給妳。」小葳想必會緊張的說：「爸！你買的禮物不是給我的嗎？」

塞爾把諸如上述（4）和（5）的條件叫做**預備條件**（preparatory condition）。雖然它們並不敍說基本的特徵，但它們是得體的（happy）答應不可少的條件。

(6) S 有意去做 A：誠實與不誠實的答應之間的區分是，在誠實的答應中，說話者有意去做所答應的做行，而在不誠實的答應中，他無意去做該做行。又在誠實的答應中，說話者相信他可以去做該做行。塞爾認爲，說話者有意去做什麼這個條件涵蘊該說話者認爲他可以去做，因此他沒把這當另外的條件來陳述。塞爾把這個條件叫做**誠實條件**（sincerity condition)。

(7) **S有意把T的講出將使他有義務去做A**：一個答應的基要特徵是，對做某一個做行負起義務。這個條件把答應（和其他同族的分子譬如誓言）和其他的在言做行區分出來。在這個條件的陳述中，只特定說是說話者的意圖；其他的條件會把如何實現這個意圖弄淸楚。說話者有這種意圖，即負起做A義務的意圖，是做一個答應的必要條件，因爲如果一個說話者能够證明在一個講話中他沒有這個意圖，則他可以證明該講話不是一個答應。塞爾把這個條件叫做**基要條件**（essential condition)。

我們也許可以舉下面的例子替塞爾說明這個條件。做父母的通常在「答應」給子女做什麼時，是以負義務而不是享權利的觀念去做的。因此當一個父母對子女說：「我會買生日禮物給你的」時，他（她）是在做答應，因爲在講這句話中通常他（她）會認爲有義務去完成所說的事項。但是，當一個選民對一個候選人說：「我會投你一票」時，這個選民未必在做答應，因爲他未必以有義務投票給該特定人而講這話，即使他認爲他有義務去投票，但他有權利投給別人呀!

(8) **S有意（i-1）引起H知道（K）T的講出被視爲S負起去做A的義務。S有意利用i-1的認識引起K，並且他有意利用H知道T的意義而認識i-1**：在這裏"i-1"代表這個條件裏第一個語句中S的「那個有意或意圖」；"K"代表「知道T的講出被視爲S負起去做A的義務」。現在先舉個例子來說條件(8)的意義。設甲父對乙女說：「小葳，我會買生日禮物給妳。」甲父這樣講時，如果要爲對小葳答應買生日禮物的話，則依條件（8），要有下面的情形。首先甲父有意引起小葳知道他講了「我會買生日禮物給妳」時，他就負起買禮物給她的義務。因此，假如此後甲父沒有買或忘了買，小葳可以振振有詞催他買或埋怨爲何沒有買。其次，甲父有意利用認識他有意以講：「小葳，我會買生日禮物給妳」引起小葳知道，他講這話是要被視爲他要負起買生日禮物的義務；而且甲父也有意利用小葳知道「小葳，我會買生日禮物給妳」這句話的意義，而認識甲父有意引起小葳知道他講這句話時，他就負起買禮物給她的義務。

塞爾說，條件（8）是要把握他修正的格萊斯（Grice）式分析的所謂說話者把講話當作一個答應是怎樣⑩。他說，說話者有意利用使聽話者認識他有意引起某一在言效果，而引起該效果，而且他也有意利用他講的話的意義約成上，會和引起該效果連在一起的事實，來達成這個認識。在這裏，說話者假定所講語詞的語意規則，會把這個講話視爲負起某種義務。

（9） S 和 H 講的對話語意規則使得 T 的講出是正確和誠實的，恰好如果（if and only if）條件（1）到（8）得到滿足：這個條件的用意在弄清楚所講的語句，依所用語言的語意規則，是用來做一個答應的，和條件（8）合在一起，這個條件可以消去一些反例，也就是一些表面上雖使用“promise”一詞，但實際上不是在做答應的講話，可以得到說明。

以上我們講的是誠實的答應。但是，不誠實的答應也是答

---

⑩ 有關塞爾對格萊斯（Grice）的意義理論的修正，參看⑦。本文不準備討論它。

應，因此我們需要修改條件使不誠實的答應也是答應。塞爾說，在做一個不誠實的答應中，說話者沒有在做誠實的答應時他有的所有意圖；尤其是他缺少去做所答應的做行的意圖。可是，他卻聲稱具有該意圖。其實，就是因爲他聲稱具有他沒有的意圖，因此才把他的做行說爲不誠實。

一個答應包含意圖的表達，不論是誠實的還是不誠實的。因此，爲承認有不誠實這樣的答應，塞爾認爲我們只需修改我們的條件說，說話者對具有意圖負責任，而不說他實際具有這意圖。說「我答應去做A」是對有意去做A負起責任，而不論這個講話是誠實或不誠實，這個條件都成立。爲承認不誠實答應的可能，塞爾認爲我們只需修改條件（6）使得不是說說話者有意去做A，而是說他負起有意去做A的責任。因此，他把條件（6）修改爲:

（6a）他有意使T的講出會使他負起有意去做A的責任： 在這個修改的條文中把「誠實」一詞從答應的被分析項和條件（9）中去掉，這樣（6a）這個條件對答應是誠實或不誠實是中立的。換句話說，以（6a）取代（6）以後的條件（1）到（9）條件可以把所有的答應——誠實和不誠實的，都涵蓋進去。

第八章　柯亨對說話做行論的回響

一、在言示意的概念是空的

我們可以對一個人的學說做「順回響」，如果我們順著其基本要點，或是即使對其有所修改，但是基本上仍然是順著其基本要點加以闡釋或發展。例如，我們在前章講的塞爾對奧斯丁的說話做行論的回響，可以說是順回響。反之，我們可以對一個人的學說做「反回響」，如果我們反對其基本要點或一些基本要點。我們在本章要講的柯亨（L. Jonathan Cohen）對奧斯丁的說話做行論的回響，可以說是反回響。

我們知道，在言示意的概念是奧斯丁說話做行論的中心概念。但柯亨則認爲，在說話做行論中奧斯丁所發展的在言示意的概念是空的，因爲沒有什麼說話具有這種示意❶。柯亨首先檢查奧斯丁的意義（meaning）的概念，間接處理他這個反回響。

我們知道，根據奧斯丁，除了也許是像「該死」、「唉喲」這些只是感嘆語以外，每一個說話做行都既是一個言辭（locutionary）做行又是一個在言（illocutionary）做行。作爲一個言辭

---

❶ 參看柯亨（L. Jonathan Cohen）：〈在言示意存在嗎？〉（Do Illocutionary Force Exist?），頁 420, 422。本文發表在《哲學季刊》（*Philosophical Quarterly*），XIV，No. 55（1964），118-137。本文被收集在許多文集裏。本文參考的是收在 K. T. Fann（范光棣）編的 *Symposium on J. L. Austin*，其頁數亦同。

做行，它含有三個做行， 即說出某些聲音的吐音（phonetic）做行，說出某些屬於而且當做屬於在一定文法構作中的一定字彙的字詞的詞語（phatic）做行，和以含有某種確定意思（sense）和稱指（reference）使用這些字詞的言說（rhetic）做行。奧斯丁說，在這裏他是以流行的意見使用「意思與稱指」的，而這兩者合在一起就相當於「意義」(meaning) 的。

柯亨認為在這裏奧斯丁自己處理的「意義」沒有用，因為雖然他把「意義」和意思與稱指視為相等，但他沒有告訴我們有關「意思」和「稱指」的許多看法中，他到底分享那一種。柯亨說，奧斯丁當然不能只以一個說話為眞或為假的什麼來意指「意義」，因為他處理的許多說話不是那種可為眞或為假的。例如，問句、命令句、罵人、辭職聲明、命名等等。再說，當時牛津大學哲學教授史陶生（P. F. Strawson）所提出的區分，亦即在做一個敍說中用來當指稱任務（referring role）的詞語，和用來當歸屬性的、描述的或分類任務的詞語之間的區分❷，不十分適合奧斯丁的目的，因為史陶生的區分是字詞（words 或 phrase）的指稱與意思之間的區分，而奧斯丁希望比較的是一個說話的意義與其在言示意。所謂「意思」和「稱指」，他主要是指一個整句說話的意思和稱指，而不是指其成分字詞的。柯亨說，誠然如果奧斯丁的意思是援引一個說話的成分字詞的意思和稱指的話，他很難會認為這兩個因素（即意思和稱指）足以為他的目的決定一整句說話的意義；則他必須要援引**意思，稱指以**

❷ 史陶生：《邏輯理論導論》(*Introduction to Logical Theory*), 1952，頁 145。

及字詞的次序，因爲他很難會把相同的意義賦給「喬治打約翰」和「約翰打喬治」。當時（以及現在）有關意思與稱指的看法更爲流行顯著的是德國哲學家和邏輯家弗列格（G. Frege, 1848-1925）的理論。弗列格不但把意思與稱指的區分應用於字詞，而且更擴延到整個語句。

但是，柯亨認爲，對奧斯丁的目的來說，弗列格的理論有三個值得考慮的缺陷。第一個缺陷是，根據弗列格❸，當一個子句以"that"在諸如「命令」(command)、「問」(ask) 等字眼之後出現時，這個子句的稱指是對一個命令、一個質問等等。使用奧斯丁的字眼來說，"retreat!"（撤退！）的在言示意寫成顯式是"I command that you retreat."（我命令你撤退）❹。但依弗列格的理論，這個在言示意在這個顯式中消失爲稱指，因而就沒有在言示意了，這是違反奧斯丁的提示的。第二個缺陷是，即使對敍說來說奧斯丁會被牽至一種背謬的立場，即一個敍說的在言示意如果不改變則不可能寫成顯式。「我的年齡是 40」這個敍說寫成顯式是「我敍說我的年齡是 40」。但根據弗列格，前者和後者具有不同的意思和稱指。第三個缺陷更糟，那就是，如果奧斯丁以相當於弗列格的「意思和稱指」來使用「意義」，則在奧斯丁的觀點上我們不能知道一個敍說的意義，除非我們知道它的眞假值，因爲弗列格把一個敍說的通常稱指當作是它的眞假值。這很難和奧斯丁的主張相和諧，這個主張是說，以大約確定的意思

---

❸ 弗列格：《弗列格哲學著作選譯》（*Translations from the Philosophical Writings*），P. Geach 和 M. Black 編譯，1952，頁 68。又此書 1980 年有第三修訂版。柯亨根據的是 1952 年第一版的。

❹ 爲了顯示由"that"所顯示的子句結構，我們在此使用英文例句。

和稱指講出的詞語，通常是在間接講式報導出來。例如，我們以間接講式「他說這貓在蓆子上」報導，以大約確定的意思和稱指講出的詞語「這貓在蓆子上」。這樣，如果以相當於弗列格的「意思和稱指」來了解奧斯丁的「意義」的話，除非我們知道「這貓在蓆子上」的眞假，否則我們不知道上述間接講說的「意義」。但當我們以這個間接講式做報導時，我們並不計較被報導這個詞語的眞假的。

柯亨進一步認爲，在這裏，奧斯丁對意義是否有淸楚的觀念令人懷疑。他認爲奧斯丁在意義論題上有兩個說法很難調和。一方面奧斯丁告訴我們，除了也許爲感嘆詞句以外，每一個講話旣是一個言辭做行又是一個在言做行。因此，根據他的觀點，就認定每一個講話旣具有意義也具有在言示意。另一方面奧斯丁提示說，當我們有一個顯式做言 (explicit performative) 時，我們也有一個在言示意。這樣，當我們把「我警告你，你的乾草堆失火了」或「我命令你去臺北」當作一個顯式做言來說時，我們分別做了警告或命令的在言做行。但是，柯亨問，在這裏我們做了什麼言辭做行呢？當作與其在言示意區分的，在這裏我們的講話——譬如「我警告你，你的乾草堆失火了」或「我命令你去臺北」——的意義是什麼呢？

柯亨說，我們會禁不住去設想：依奧斯丁的看法，我們這些講話的意義要單獨在做言首詞後面的子句中去找。這樣，當整句講話是「我警告你，你的乾草堆失火了」時，這個講話的意義就在「你的乾草堆失火了」這個子句中，或者當整句講話是「我命令你去臺北」時，這個講話的意義就在「你去臺北」這個子句中。這樣，就似乎可以主張說，這些講話就恰好和它們各別的附屬子句在單獨講出而沒有利用做言首詞時，具有相同的意義和在言示意。它們和它們這些子句講出之間的僅有的不同，將在它們的在言示意被顯式出來。但是，柯亨認爲，以這種方式解釋奧斯丁的理論，至少有三個反對的理由：

首先，我們爲什麼不應設想「我警告你……」這個詞組旣有指稱這個講話的說話者，也有指稱其聽話者；而且如果在這裏人稱代名詞「我」和「你」具有這種稱指的話，我們也會預知「警告」這個動詞會和「我」「你」發生意思。這樣的話，說：「我警告你，你的乾草堆失火了」與其附屬子句「你的乾草堆失火了」具有相同的意義和在言示意，是不淸楚的。其次，我們很難看出，添加這種做言首詞對所做言辭做行怎麼可以沒有不同，因爲這個言辭做行部分是由吐音做行以及詞語做行定義的，而有沒有這種首詞的添加，會形成不同的吐音和詞語。這樣，講出「我警告你，你的乾草堆失火了」的言辭做行與僅僅講出「你的乾草堆失火了」的言辭做行，必定是不同種類的。也許奧斯丁在這裏會說，雖然吐音和詞語做行不同，但言說（rhetic）做行卻相同。但柯亨認爲，如果我們要一個精確的解釋者把這兩句話的明顯意義寫成法文，對這兩句話一定有不同的寫法。

不過，柯亨說這兩個反對的理由並不具有決定性。因爲奧斯丁也許會主張說，在做言首詞的系絡中，人稱代名詞不具有一種稱指的功能，而且在他的「意義」的用法中，精確翻譯的必然不同並不涵蘊意義的不同。但是，柯亨認爲還有一個更嚴厲的反對理由；他說，如果每個在言做行也是一個言辭做行，則諸如「我抗議」(I protest)（如主席拒絕讓你發言時）、「我道歉」、「我撤回」、「我恭喜你」、「我謝謝你」、「我祝福你」，或

「我任命你」等的做言講話，或者任何其他諸如此類的詞組，必定既具有意義也具有在言示意。但是，柯亨認爲，如果這些潛在做言詞組在單獨講出時可以具有意義，則我們很難可以設想當它們被添加附屬子句，諸如：「我抗議我沒有被允許發言」或「我謝謝你幫忙我」，它們會喪失這個意義。因此，柯亨認爲我們勢必要得到這個結論，即依奥斯丁的觀點，像「我警告你，你的乾草堆失火了」這樣的講話的意義，不應單獨在其附屬子句中去找。

因此柯亨質問說，像「我抗議」這樣的講話的在言示意，與以其當做言首詞的像「我抗議我沒有被允許發言」中當做部分的「我抗議」的意義有什麼不同呢？當你說「我抗議」(I protest) 時，你就在抗議，你不在描述或報導你的抗議。因此，柯亨認爲，如果你這個講話要被賦予任何一種意義的話，這個意義必定是一種做言的。這個意義僅僅存在於做抗議中。他說，如果我們拿一個精確的解釋者的翻譯來判斷的話，這將顯得十分清楚。同時，如果我們接受奥斯丁自己的持題，即一個言辭做行的意義要在間接說話式中報導出來，則這一點也將顯現出來。因此柯亨認爲，在使用顯式做言的場合，如果有在言示意這樣的東西的話，是不能和意義區分的。

另一方面，在顯式做言詞組沒有出現的場合，柯亨認爲「在言示意」一詞就變成只是多餘的了。因爲，如果「你的乾草堆失火了」這個講話產生由「我警告你，你的乾草堆失火了」這個講話明顯產生的警告，而且如果這個警告是後一講話的意義之一部分的話，則我們這樣設想不是不合理的，即這個警告也是前一講話的意義之一部分，雖然是暗中的一部分。如果有人說：「他抓到一隻大的」，而且又被要求講得更明顯時，他可能說：「阿土從船上卸下一條十公斤的大鰻魚」，那麼在這裏被做得更明顯的是意義。柯亨問道，我們有什麼理由設想在「我警告你，你的乾草堆失火了」中被弄得更明顯的是在言示意，而不是意義呢？

柯亨說這樣的辯解是沒有用的，即只當在講話裏面的個別詞組的意思或稱指有含混、歧義或不明確的情形時，才有所謂把意義弄顯現出來；而諸如上舉的「你的乾草堆失火了」中沒有這種情形，因此把它弄顯現時所產生的不是意義。柯亨說，阻止一個講話的意義被顯現出來的，可能是這個講話的整個文法結構。他舉例說，當你的朋友向窗外看時如果你對他說：「天下雨嗎？」如果你隨後又說：「我問天是否下雨？」則你的講話的意義會更顯現出來。根據奧斯丁的說法，不論有沒有使用做言首詞，問一個問題是一種典型的在言做行。但是，柯亨認爲即令在你的第一個講話（「天下雨嗎？」），更不用說是在你的第二個講話（「我問天是否下雨？」）中，我們不可能區分在言示意和意義。他說，除了問天是否下雨以外，你這個言辭做行究竟還有什麼意義？

柯亨認爲，奧斯丁所謂的一個講話的在言示意是這個講話的意義的這樣的層面，即由這個講話的顯式做言首詞所表達的那個層面，如果有這樣的首詞的話，或者由使用這種詞組所表達的那個層面。他說，任何企圖去攞掉意義的這個層面，而不把它當作意義而當作別的東西，是會導致悖謬和混淆的。當文化變成更豐富和更細緻複雜，而我們想以各種不同方式研究更細緻的意義的差異時，它模糊了不同層次的意義之間的連續性和相似性的問題，並且把不必要的概念上的障礙放在我們的道路上。

以上是柯亨主張在言示意不存在的主要理由。

二、奥斯丁為何提出這種錯誤的理論?

在提出種種的理由來拒絕在言示意的存在以後，柯亨又進一步提出，奥斯丁爲何提出這種錯誤的理論。當然這裏所謂錯誤是依柯亨的觀點來說的。

柯亨認爲，也許有若干不同的因素結合起來使奥斯丁的理論看起來似乎是可能的。

首先，有許多詞組依它們被講出的語調而可以有非常多不同的意義。例如，用升調「天下雨」可以當問句講出，用降調則它可以當敍說講出。因此，這很容易令人以爲用語調當變改的因素，一個語句除了有意義以外，也可以賦予不同的在言示意。但是柯亨說，依語言學家的見解，在一種更嚴格的語音分析中，在這裏我們講的「天下雨」不是僅只一句話，而至少是兩句話。如同「下雨」和「下雪」之間不同的聲音會形成不同的語句，上升調和下降調之間的不同的講話，也一樣有權形成不同的語句。因此，柯亨說，注意語句類型（sentence-type）的意義不能當作給這種講話的意義和在言示意做區分的理由；因爲上升調的「天下雨」和下降調的「天下雨」是兩個不同的講話或語句，而不是同一個講話中的兩種不同的「東西」——意義和在言示意。

第二，從任何熟知的文法上的觀點看，同一個語句可以用級距很廣的意義來講出。例如，英文 “You are very kind.” 可以當作稱讚（稱讚你很和藹、親切），或者當作感激（感激你對我的幫助、關懷等），或者當作一種性格的評價（認爲你有和藹、親切等性格）等來說出。又如：「明天到臺北去」可以當一個命令、要求，或勸告等來說出。不用做言首詞的顯式，我們也可利用別的方式來決定這些講話的精確性質的。譬如，我們可參考這個講話的前後說話者和其他參與者講了別的什麼，也可參考這個講話的非語言的情境，諸如是否有人剛剛給說話者做了某些服務或幫助，或者說話者對他的聽者具有某種權威或身分。這裏又似乎是說，一個個別的講話不但具有一個意義——從語句類型直接導出的一般意義，而且也具有一個在言示意——依其本身而不是依特別情境的。但是，柯亨認爲，那些常常僅僅參考諸如此類的系絡考慮而決定的被奧斯丁劃界爲在言示意的東西，並沒有什麼特別之處，因爲奧斯丁也常把完全相同的東西毫無疑問地視爲是意義。例如，根據奧斯丁,「他打她」的意義是這個講話的意思與稱指。但是這裏的人稱代名詞「他」和「她」的稱指，則要依講話的系絡。英文"They're all gold."可有不同的意義。當說話者是在觀看日落的雲彩時，它的意義是「雲彩是金黃色的」。而當說話者是在觀看一盤餐具時，它的意義是「它們都是金製的」。前者在描述顏色，後者則在描述質料。英文的"He's lost his case."在火車站講出時，其意義很可能是「他的箱子遺失了」，但在法庭上講出時，則很可能是「他的案件敗訴了」，雖然發音上在兩者都是相同的語句。柯亨認爲，像這樣，有些講話在命令而不在勸告，或在推薦而不在要求，是它們的各別意義的一種特色，而不是與它們的意義不同的所謂「在言示意」。

第三，有些類型的語句常常以某種特定意義講出，因此當它們和另一種意義一起講出時，這另一種意義也許看來像是一種額外的意義，而不是相對於其普通意義的另一個普通意義。例如，英文語句"I wish you good afternoon."（午安）是常用來表示祈祝的講話類型。但是它也可以在要聽眾散會而不是當祈祝講出。柯亨說，在這種情況中我們很容易錯誤地設想這個講話具有語句類型的普通功能當作基本意義，而把散會當作一個額外的特色，當作這個講話的在言示意，這一示意一部分依據這個基本意義，一部分依據系絡情境。其實這一額外的特色也只是這一講話的一個意義而已，不是別的什麼。當然，柯亨說，也常有這種情形，即普通意義旁靠特別意義出現，例如講話既是祈祝又是散會。他說，在這些情形中這些講話的意義是一種眞正的複合意義。但是，如果情況不是如此，即如果這個講話不是祈祝而只是散會，則我們不需設想這個講話保有這個語句任何原有的普通意義。因此，這裏不需有兩種類型——意義和示意——不同的「意義」。

第四，使奧斯丁的理論似乎可能的又一個因素是，人們常常沒有他們想要那樣成功地在意義上產生淸楚和明確的講話。因此，好像可能提示說，根據下述理由我們可以區分原語句的示意和意義。這個理由就是，我們立卽了解的是意義，而待釐淸才不懷疑的是示意。但柯亨認爲，一般說來這樣實際比較好，卽明白地說有多少想要的意義是我們立卽了解的，和有多少不是。柯亨認爲，不論我們是否立卽了解想要的意義，奧斯丁的意義與示意的區分對我們都沒有用。因爲，譬如如果我們知道某一個講話是想當作推薦或勸告，而確定不是命令或要求，奧斯丁的區分對我們沒什麼用，因爲推薦和勸告都是同一類的「意義」，其區分用不著奧斯丁的。當法官說：「我特此儆戒你」時，如果我們不知道「儆戒」的意義，奧斯丁的區分對我們也沒有用。因爲如果這個講話眞正有示意和意義，則至少不知道示意就不知道意義。雖然奧斯丁自己區分了想要的在言示意和所做的在言示意，但是柯亨認爲，這也不過是想要的意義和所表達的意義之區別的一個特別情形而已。

第五，企圖的命名、否決、逐出、訂約、結論等等和成功的這些之間有不同 。如果董事長夫人說：「我命名這艘船爲大臺號」，但壓力不够沒把香檳瓶解開，則我們可以說她曾想命名這船沒成功。然而她的講話是明顯有意義的。因此，似乎有值得注意的是，她的講話實際具有的意義與它剛剛失去具有的在言示意之間的不同。同樣的，如果有個做不可能之事的數學家想在數論中導出一個矛盾來，則在他的「我結論二不等於二」這最後的講話的意義和這個失於具有(因二不等於二)的在言示意講話（當作一個眞正的結論之示意，即有爲眞的結論）之間似乎有不同。由於有這些不同，因此讓人認爲有意義與示意之區分。但柯亨認爲沒有這些不同，因此沒有意義與示意之區分。爲什麼沒有這些不同呢，柯亨的說明如下:

柯亨認爲這與奧斯丁自己的欠切（infelicities）有關。上述董事長夫人和做不可能之事的數學家的講話（做爲）是不得體的（unhappy)，因爲這個命名儀式有瑕疵（flaw)，這個數學家的證明無效（invalid)。柯亨認爲，像「結論」、「命名」等所有這些在言動詞有兩種意味：一種是有得體或不得體意味的，另一種是只有得體意味而沒有不得體意味的。在前者我們或者允許做做言的企圖成功或不成功，或者涵蘊做做言的企圖不成功；在後者我們涵蘊做做言的企圖成功。換句話說，所謂有得體或不得體意味的在言動詞，是指在使用這種動詞的講話中，不論這個講話做行是否得體，都當作是「做了該講話做行」。反之，所謂得體意味的在言動詞，是指在使用這種動詞的講話中，這個講話做行是得體時，這個講話才算是「做了該講話做行」，而這個講話「做行」不得體時，這個講話「沒做該講話做行」。柯亨認爲，有時候奧斯丁似乎提示說，在這些動詞的顯式做言使用中，它們的意味恆爲得體或不得體的意味。因爲奧斯丁似乎提示說❺，就任何顯式做言講話來說，我們恆有它是否不得體的問題。而在得體意味上，則沒有是否不得體的問題，因爲在這種意味上，不得體的講話就不是做言講話。但是，柯亨說，有時候奧斯丁卻似乎提示說❻，如果情境對諸如「我打賭（bet）贏方一千元」這樣的講話不適合，則沒有打賭做行應被視爲已經做了。因此，如果所有顯式做言講話都當作是這樣的話，則奧斯丁在這裏似乎就提示說，動詞的做言使用都是柯亨所謂的得體意味的使用，因爲如果動詞是以其得體或不得體意味來使用的話，則卽使情境不適當，實際上也有做言講話。因此，柯亨認爲，只要做言使用也可有得體或不得體意味的使用，則我們以這樣的說法來護衛奧斯丁的在言示意的概念。這個說法就是，在言示意是用來區分眞正的和有缺點的打賭、命名、下結論等的講話，因爲有缺點的講話也具有這種在言示意。

第六個因素使得奧斯丁的理論似乎可能的，也許是我們時常必須區分所說的東西和去說這些東西的做行。例如，假定有一個官員對某一個記者說：「阿爾法火箭是沒有用的。」依火箭試驗的證據，這個官員說的也許有充足的道理。但是他對記者說這是十分沒道理的，因爲這會破壞國家機密。再假定這記者對該官員

---

❺ 奧斯丁：《如何拿話做事》，頁 15。
❻ 前書，頁 8、105、126。

的講話有點困惑。這樣他可能是對該官員所說的不清楚，或者是對他說它（這個做行）不清楚；因而正如同在前一情況中這個記者會要求對意義加以釐清，在後一情況中他似乎會要求對某些什麼加以釐清。這「什麼」就叫它爲「示意」嗎？這示意與這官員的說話做行的關係，大致與意義和該官員所說的東西的關係一樣吧！因此，如果這官員所說的東西可憑藉其意義而爲眞或假，則說它的做行必定有什麼別的東西，卽其示意，憑藉這示意這做行可以爲有道理或沒道理，有效或無效，得體或不得體。

但是柯亨說，我們必須在這裏小心什麼東西可以算做是示意。他說，如果示意的問題不過是指這個講話是一個報導、警告、述說，還是批評等，則我們並不需要「示意」這個特別的用語，因爲在這裏攸關得失的，是憑藉所說的東西的意義如何把這個說話做行當作一個整體加以描述。充分決定這個意義，對影響意義的系絡環境加以適當的關注，我們就已經具有做這個描述所需要的訊息，而就憑藉這個描述，這個做行就得體或不得體。當然這個記者困惑的也可能有這個官員的說話做行的許多其他方面。譬如，它是合法或不合法？道德的或不道德的？認眞的或是開玩笑的？其動機是什麼？其直接的影響是什麼？其可能的長期後果是什麼？在這裏可以提出的種種問題，驗證了把所說的是什麼和說它的做行區分的重要。但是，柯亨認爲這種區分本身並不能支持奧斯丁的意義與示意的區分。因爲奧斯丁自己在講到具有意義的言辭做行和具有示意的在言做行時，說得很淸楚的，上述這些區分並不是他要用來護衛他的在言示意理論的。

第七個因素可以這樣說，人們時常會這樣說，卽「在警告他們有危險中，他就有爲他們做什麼的承諾」。在這種場合，譬如警告危險的原講話是「有一個要殺你的陰謀」，而譬如就有「我有爲你解危的承諾」。現在如果把「我有爲你解危的承諾」解釋爲這個講話的部分意義，則似乎頗不合理。因此，如果「他就有爲他們做什麼的承諾」沒有給原講話的意義的話，則它必定給它示意。

柯亨認爲，這裏有一個問題。那就是，至少依奥斯丁的理論，當我們說：「在警告他們……」時，我們就已經給了這個講話的示意。我們實際上利用奥斯丁所謂的其示意來稱指這個講話，因此，如果我們還要提出另一個示意的話，那麼我們是否就要設想一種二階示意（second-order force）？但是如果是這樣的話，我們將需要設想三階、四階、五階等等的示意了，因爲我們也可以說：「在他爲他們做的承諾中，他在責難他自己過去的行動」、「在責難他自己過去的行動中，他在否認他先前的信念」、「在否認他先前的信念中，他在從已發生的什麼中做顯而易見的演繹」等等無止境說下去。而且，柯亨說，除了必須接受所有這些在言的後視示意（meta-force）、後視後視(meta-meta)示意、後視後視後視示意等等，以及奥斯丁原有的在言示意等的複雜性之外，還有一個麻煩，即這些高階示意不能像最低階示意，通常可以那樣用顯示表現出來。在上述「有一個要殺你的陰謀」這個講話中的警告成分，可以給同一語句前置「我警告你……」這個做言而顯現出來。但是，我們給十分不同的詞組前置「我承諾……」才把承諾的成分顯現出來。

雖然奥斯丁沒有討論後視示意的問題，但是柯亨認爲很清楚的，這些後視示意不是奥斯丁意味的在言示意，因而它們常有的出現，對他的理論沒有提供支持。柯亨說，這些後視示意最適當是描述爲說話做行的涵示（implications）。在這裏，我們說一個說話做行涵示p，恰好如果這個說話做行給其聽眾足够理由認爲p，但p不是說話者的意義的一部分。這樣，當某人在警告一些人：有一個陰謀要殺他們，他的說話可以說是涵示他爲他們承諾了什麼。涵示只是涵示，不是意義的一部分，更不是什麼在言示意了。

第八個因素使奧斯丁認爲他的在言示意爲可能，是這樣的。柯亨說，奧斯丁在他的〈別人的心〉一文中首次發表語言的做言使用（performative usage）的討論❼，但是「做言」（performative）一詞還沒有出現在那裏。他說，奧斯丁在那裏討論的是片語（phrase）和詞組（expressions），而不是講話（utterance）。他說，奧斯丁後來在他的《如何拿話做事》中把「做言」一詞明白應用到整個講話，這是一個不幸的偏離；這個偏離在使他的在言示意理論看來似可能的，也許也扮演一部分作用。因爲，一旦我們把由講「我答應去」（I promise to go）所達成的整個意念傳達，在適當的情境中也可由講「我將要去」（I shall go）來達成，則就有理由設想如果前者憑藉它所做的答應而叫做做言，則後者也必定可以這樣稱呼。這兩者唯有的不同是，前者是顯式做言而後者是隱式做言。同理類推，如果一個目擊者的講話「我敍說（state）他打她」是做言，則他敍說「他打她」也是做言，雖然後者也是隱式的。但是，柯亨說，如果連「他打她」也是做言，則所有通常的講話也都是了，因而話詞的描述價值就被一種典型的

---

❼ 奧斯丁：〈別人的心〉(Other Minds), *Proceedings of the Aristotelian Society*, Supp. vol. xx, 1946；此文也收集在他的《哲學論文集》。

哲學上的膨脹所腐蝕了。如果所有的事件都成爲心理的（或物質的），則對於什麼可以拿「心理的」（或「物質的」）一詞來意指的新難題就會產生，因爲在這一詞所述說的範域裏，在心理的和非心理的（或物質的和非物質的）之間，就沒有什麼好對照的了。同理，「做言」一詞現在已經不再能够充當一個分類的用語了，因爲當所有的講話都可以視爲是做言時，它就不能够區分什麼講話是做言和什麼講話不是的了。這樣就難怪又要引進新用語。通貨膨脹常常導致新貨幣的引進。如果所有的講話都變成做言，則現在我們要區分的不是講話與講話，而是看來好像我們必須區分每一個講話的某一個層面和另一個層面。因此，我們就必須把所有的講話看做二元的。每一個說話做行就說是眞正具有兩個做行，而不是只有一個，因而就引進了新的用語，即「言辭的」(locutionary) 和「在言的」(illocutionary)，以這些共棲的做行當說話做行的範域。最後，完成這個二元論，意義與言辭做行結夥，示意與在言做行結夥。但是，柯亨認爲，所有這哲學的通貨膨脹，因而導致新術語的鑄造，都可以避免，如果我們繼續把「做言」(performative) 當作一個術語，而應用到動詞、質詞、副詞、片語或意義，而不應用到語句或整個講話。這樣，我們就可以做其他我們需要的區分，譬如什麼是顯式做言〔例如，「我答應」(I promise)〕、半顯式做言〔例如，「沒有失敗」(without fail)〕、隱式做言〔例如，「我將」(I shall)〕，或非做言（例如，"that I shall"）。這樣，我們現在就不需言辭做行和在言做行的區分了。

三、塞爾回響與柯亨回響的比較

我們在本章第一節講過，塞爾對奧斯丁的說話做行論的回響是順回響，而柯亨對這個理論的回響則是反回響的。在這裏我們要對他們的順反回響做一些比較。

塞爾以言辭做行 (locutionary act) 和在言做行 (illocutionary act) 這兩類做行並不排斥爲理由，主張不應把言辭做行當作和在言做行並立的做行來處理。代之，他提出命題做行這一類的做行和在言做行相提並論。柯亨則認爲，如果有所謂在言示意 (illocutionary force) 的示意的話，它（卽示意）也不過是相對於言辭做行的意義 (meaning) 而已。在理論上，這種相當於意義的示意，沒有獨立標舉出來的必要。因此，他認爲在言辭做行所顯示的意義以外，再畫出所謂在言示意的示意是沒有什麼意思的。在塞爾的考慮中雖然認爲不應把言辭做行和在言做行相提並論，但他還承認可以有言辭做行的概念。同時在提出命題做行的概念以後，連同奧斯丁原有的在言做行和由言做行，加以發展。因此，他對奧斯丁理論的回響，是一種典型的順回響。反之，柯亨卻完全否定奧斯丁在言示意的存在，而在言做行又是奧斯丁說話做行論的核心部分。因此，他對奧斯丁理論的回響，是一種典型的反回響。

有一點非常有趣的是，在塞爾的回響中，突顯了在言做行的地位，並把言辭做行「降」爲在言做行的部分做行，但還承認言辭做行的存在。反之，在柯亨的回響中，卻把在言做行所顯示的示意「併入」言辭做行所顯示的意義中，並取消了「示意」的概念。用比喩的話來說，塞爾拿在言做行來「打壓」言辭做行，而柯亨則拿言辭做行來「消除」在言做行。哲學家之見仁見智可見一斑。

第九章　奧斯丁論知覺

一、《感覺與所感覺的》一書

在本書的序言中我們已經講過的，從本章起到最後一章〈奧斯丁的哲學方法〉以前，各章的寫作和討論，主要在幫助讀者閱讀奧斯丁的《感覺與所感覺的》和《哲學論文集》這兩本書。

《感覺與所感覺的》是奧斯丁討論知覺（perception）的一序列演講。這些演講 1947 年在英國牛津大學首次開始，在以後的十二年中做過許多次的修改。這些演講的講稿非常濃縮，因爲他能够從非常少的資料提出完美成形的演講。現在出版的這本書是奧斯丁的學生瓦諾克（G. J. Warnock）教授整編的，而且做得非常技巧和忠於原意❶。

這本書（即這一序列演講）主要在論辯知覺的問題，這是知識論的一個中心問題。傳統上有一個學說認爲，我們不能直接知覺（perceive）到物質對象（material object），我們知覺到的是感覺資料（sense data）❷。關於感覺資料有種種不同說法，本書

❶ 有關這本書的重建事項，可參看該書瓦諾克寫的前言。

❷ 感覺資料的概念一向被認爲是英國哲學家摩爾（G. E. Moore, 1873-1958）和羅素（B. Russell，1872-1970）引進的，但這是錯的。實際上，更早美國哲學家羅伊斯（J. Royce, 1855-1916）(1887) 和詹姆士（W. James，1842-1910）(1890) 就使用過。也許更早還有人使用過。

討論的主要是根據所謂根據錯覺論證 (argument from illusion) 的感覺資料的學說❸。奥斯丁認爲這種學說「受困於少數幾個字眼，其使用過於簡化，沒有被眞正了解，也沒有被謹愼研究，也沒有被正確描述❹」。在特別提到艾爾 (Sir A. J. Ayer, 1910-) 的《經驗知識的基礎》(*The Foundations of Empirical Knowledge*) 和普來斯 (H. H. Price, 1899-) 的《知覺》(*Perception*) 中，他顯示錯覺 (illusion) 如何和幻覺 (delusion) 混在一起，如何以這樣的信念來定義，即當一個人實際上沒有看到一個物質對象時卻相信他看到，以及如何被當做包括諸如在水中棍子看來是彎曲的，但它並不是的錯覺。在他的論證中，他清楚地把日常英文中使用的“looks”(看來似乎是)、“appears” (顯得) 和 “seems” (似乎) 的實際的複雜性和差別性，和傳統哲學中這些用語的傳統上的混淆做比較。尤其有趣的是討論 “reality” (實是) 的傳統處理；他把這些處理和 “real” (眞實) 一詞的各式各樣的使用做比較。他又把 “real”(眞實) 和 “artificial” (虛僞的)、“fake” (僞造的)、“bogus” (僞造的)、“toy” (供玩要的)、“synthetic” (人工製造的)、“illusory” (虛幻) 和 “apparent” (外表上的) 做比較。

在選擇本書的若干要點和論點來討論以前，讓我們把本書各講（共十一講）的要點和論點標示出來:

(*1*) **第一講（原書以羅馬數字標示）**：揭示本演講要討論的是在諸如艾爾的《經驗知識的基礎》、普來斯的《知覺》和瓦諾克 (G. J. Warnock) 的《柏克萊》等書中所講的下述學說，即

❸ 這裏所謂根據錯覺論證，是指根據錯覺的現象而做的論證。
❹ 奥斯丁:《感覺與所感覺的》，頁 3。

我們從未直接知覺到物質對象，我們直接知覺到的是感覺資料（sense-data）。奧斯丁的主要觀點是，這個學說受困於少數特殊的字眼，其使用被過分簡化，沒有被眞正了解，也沒有被謹愼研究，也沒有被正確描述。要批評所謂根據錯覺論證。

(*2*) **第二講**：以比較一般人（plain man）和哲學家對所謂看到（see）或知覺到（perceive）東西所持信念是否有什麼不同，討論「感官知覺」(sense-perception)，討論「被我們的感官所欺騙」這用語，直接與間接知覺的問題。哲學家的「直接知覺」的用法不是日常的用法。

(*3*) **第三講**：根據錯覺論證的原來目的是要引誘人相信把「感覺資料」當做他們在某種「不正常」、「例外」的場合，所知覺到的是什麼的問題之適當和正確的回答；但事實上，這個論證通常緊追著意圖建立這樣一個論證，卽他們「總是」知覺到感覺資料。爲例證這，艾爾引用距離對物品外表的效應、折射，藥物產生的色覺改變、重視、暖感變化、大小感變化。奧斯丁論辯說，錯覺（illusion）不是幻覺（delusion），「錯覺」並不提示全然不實的東西，「幻覺」則有這樣的提示。電影、誤讀、殘像、做夢都不是錯覺和幻覺。

普來斯對「錯覺」的「臨時定義」是：「視與觸的一個錯覺感覺資料是這樣一個感覺資料，卽我們易於把它當做一個物質對象的表面部分，但是如果我們把它當做這樣的話，我們就錯了。」奧斯丁認爲這個說法本身不清楚，也不適合於所有的錯覺情況；隨後又批評艾爾的根據錯覺論證的不當——把「視覺表象」（visual appearance）的用語偷偷放進來。

(*4*) **第四講**：對英文中“look”、“appear”和“seem”這些

字眼種種用法的分析；並指出應避免這些用法誤導的同化。這些用法背後的底部觀念並不相同。奧斯丁指出，常常「不當的」自由使用這些用詞。

(5) **第五講**：根據錯覺論證原來的企圖是引誘我們去相信，在某些不正常、例外的場合，我們直接知覺到的是感覺資料；但在第二階段卻要我們去同意，我們（直接）知覺到的「總是」感覺資料，卽使在正常、非例外情況也一樣。要檢討這第二階段的。艾爾說：「在我們對物質東西的眞實（veridical）呈現的知覺（perception）和虛幻（delusive）呈現的知覺之間，在種類上沒有內在的不同。當我注意看一枝直桿，它在水中折射，因而呈現彎曲，我的經驗和我注意看一枝眞正彎曲的桿在物質上是相同的。」奧斯丁認爲在這裏艾爾沒有告訴我們什麼是「知覺」，並且在沒有說明和論證下，它普遍存在的假定就偸偸溜進來。但如果一開始不這樣假定，根據錯覺論證可以這樣明白進行嗎？奧斯丁問。

要質問「眞實的和虛幻的經驗」這個二分法，質問艾爾和普來斯依據的這一原理，卽如果兩個東西不是「在一般上相同的」，卽不是「在本性上」相同的，則它們不能相像，甚或不能非常接近相像。再質問「『虛幻和眞實的經驗』在質上或內在上不可分」這一原理。

奧斯丁結論說，根據錯覺論證包含下面幾點：(a) 接受把所有的「知覺」分爲「虛幻的」和「眞實的」這一虛僞的二分法，但對「知覺」本身又沒做什麼解說；(b) 暗中又古怪地誇張「虛幻知覺」的頻仍；(c) 古怪地誇張「虛幻」知覺與「眞實」知覺之相似性；(d) 錯誤地提示必定有這種相似，甚或等同；(e) 接受「在一般上不同的」東西在質上不能相像這一十分無故的觀念。

(6) **第六講**: 奥斯丁認爲，艾爾自己當然並不接受上一講所說的根據錯覺論證。艾爾說他講的這個論證需要「評估」。奥斯丁在本講討論艾爾的評估。

奥斯丁認爲，艾爾沒有猶豫就吸收該論證中許多可反對的東西。譬如，他對設想的「感覺資料」與「物質東西」之二分法一點都不會不安。奥斯丁認爲艾爾的主要論點是，所引起的爭論**不是事實的，而是語言的**。批評艾爾認定「知覺感覺資料」的**唯一**代替是「知覺物質東西」。

根據錯覺論證眞的證明在任何情況下我們都知覺感覺資料嗎？奥斯丁認爲艾爾對這一點的進一步論證似乎是：(i) 如果我們要允許「有些知覺是虛幻的」，則必須承認有時候我們知覺到不是任何物質東西的部分之「感覺資料」；(ii) 我們**必須**承認有些知覺是虛幻的，因爲如其不然，「我們就得把諸如同時爲綠色和黃色，或橢圓和圓這種彼此不相容的性質，賦給物質東西」；(iii)如果這種賦予產生矛盾，則要做「某種假定」指出。

艾爾所謂「經驗事實」，實際是指**關於感覺資料的事實**，或「關於可感覺的表象的性質」。艾爾的「語言的」學說實際上是直截了當地依據古老的柏克萊式或康德式的「可感覺的複本」(sensible manifold)。

奥斯丁指出，在感覺資料這一論點上，普來斯和艾爾的相對立場和洛克和柏克萊，或休姆和康德的恰好相同。在洛克，有「觀念」和「外在對象」；在休姆，有「印象」和「外在對象」；在普來斯，有「感覺資料」和「物理占有項」；在柏克萊，**只有**觀念；在康德，只有**心像**；在艾爾，只有感覺資料；但在柏克萊、康德和艾爾都認爲我們可以**講如同**有物，對象，物質東西。

(7) **第七講**: 仔細看「眞實」(real)、「實是的本性」(Nature of Reality)。「眞實」(real) 是一個絕對**通常**的字眼,但又**不是**通常的字眼。

「眞實」是**渴望實質** (substantive-hungry) 的字眼, 是**褲子字眼** (trouser-word); 是**方面字眼** (dimension-word); 是**調整字眼** (adjuster-word)

眞實的和不眞實的之區分沒有**一般**標準。

(8) **第八講**: 討論艾爾的《經驗知識的基礎》最後一節〈表象與實是〉。艾爾從區分「性質上虛幻的」知覺與「存在上虛幻的」知覺開始。艾爾的錯誤在對「眞實」的用法,只做一個或兩個處理,忽略其他許多可能的處理。

(9) **第九講**: 根據錯覺論證沒有給人有力的理由說,我們直接知覺到的對象是感覺資料。在〈感覺資料的引進〉一節(第三節)裏,艾爾進一步提出理由。本節檢討這進一步理由。奧斯丁認爲沒有兩個不同意味的「知覺」(perceive)。討論艾爾的人看星星的例子。奧斯丁認爲艾爾的例子都不是支持「知覺」、「看」等有不同的「意味」。奧斯丁認爲,「X知覺到什麼」的問題可以有許多不同的回答,而這些不同的回答都可以是正確的,因而艾爾就下結論說「知覺」必定具有不同的「意味」,因爲,如果沒有,則不同的回答怎麼可能都正確呢? 但奧斯丁說這不是語言事實的適當解說。他認爲,這只是因爲我們「知覺」到的可以用不同的方式來描述、辨認、分類、徵定和稱呼。

不但有不同的方式來說看到什麼,而且有以**不同方式不同地**來看。

奧斯丁說,雖然艾爾提出的論證似乎依據知覺有兩種意味的學說，但實際上並不依據這個學說。

(*10*) **第十講**: 根深柢固者 (the incorrigible) 的追求是哲學史上最古老的難題之一。在艾爾，顯示在他的書名《基礎》以及遍在於文章中；普來斯的實際事實 (actual fact)。

奥斯丁認爲，艾爾等關心的是兩個**語言**，卽「感覺資料語言」與「物質對象語言」之間的邏輯關係，而不是任何東西的**存在**。關於「兩個語言」，艾爾和卡納普 (Carnap) 有不同意見。

依卡納普，除掉分析語句，所有直敍語句可分成兩組，一組是「經驗上可驗證的」語句，另一組是「可觀察語句」。一個語句爲經驗上可驗證的，恰好如果有可觀察語句依所在語言的規則可從它導出來。對可觀察語句，卡納普說: (a) 那些可觀察語句要當眞看，基本上是約定的；(b) 那種語句歸爲可觀察語句不是十分要緊的。艾爾對卡納普這兩點都不同意。

那種語句當提供證據講出要依個別情況而定；正如同沒有那種語句**本身**是可能的、確定的、根深柢固的，或眞的，也沒有那種語句**本身**是提供證據的。

奥斯丁對艾爾和卡納普觀點的檢討，獲得下述結論:

(i) 沒有這種語句，本身可以這樣說:

(a) 它們是根深柢固的;

(b) 它們給其他語句提供證據；以及

(c) 爲了其他語句可以檢證，它們必須要檢核。

(ii) 關於「物質對象」的語句，這樣說是不眞的:

(a) 它們必須根據證據;

(b) 它們需要檢證；以及

(c) 它們不能有結論地檢證。

艾爾說：「至於稱指感覺資料語句的意義，是由與該感覺資料對應的規則**精確地決定的**（precisely determined），在稱指物質東西的語句則這種**精確**是得不到的。因爲這種語句表示的命題與關於感覺資料的命題有這樣的不同，即沒有構成其眞理的充分必要條件的可觀察事實。」艾爾又說：「稱指物質東西的語句在其對現象的應用中是**含混**（vague）的。」奧斯丁檢討「精確」（precise）、「恰切」（exact）、「含混」（vague）等詞的意義和用法，以批評艾爾這個說法。奧斯丁認爲，沒有理由說用於稱指「物質東西」的詞語是含混的；也沒有理由來設想用於稱指「感覺資料」的詞語是精確的。

（*11*）**第十一講**：對瓦諾克的《柏克萊》一書做一些評論。瓦諾克認爲有兩種敍說，一種是講「觀念」（ideas）的，一種是講「物質對象」的。瓦諾克從只有「我們自己的觀念」是「直接被知覺到的」開始。

奧斯丁認爲瓦諾克的一般和重要錯誤是，他吸收了兩個語言學說，而順道也吸收到兩個元目的學說。

二、根據錯覺論證及其批評

所謂根據錯覺論證（arguments from illusion）有許多講法。奧斯丁在他的書中檢討的，主要是艾爾在《經驗知識的基礎》一書講的。艾爾利用這個論證來顯示我們直接知覺到的**都是**感覺資料，而從未知覺到如一般人以爲的物質東西。

依艾爾，這個論證的要點是這樣的❺：一般人相信在知覺中

---

❺ 本章以下主要參考瓦諾克的《奧斯丁》，頁 14-31，以及格拉漢的《奧斯丁》，頁 139-174。

他們直接知覺到物質對象。但是，諸如折射、反射、海市蜃樓、重視、幻覺等「錯覺」(illusions) 的重現，顯示至少這**並不都眞**。因爲在這些情況中，或是他們知覺到的不是物質對象，或是顯示給他們的東西並不在實是界中。在這些情況中，知覺者直覺知覺到的必定是別的什麼東西；就讓我們以術語「感覺資料」(sense-datum) 稱呼這種直接知覺到的對象。但是，現在知覺者被其感官欺騙的「錯覺」情況與他不被這樣欺騙的情況，不是內在上可區分的。這意味著說，我們有理由推斷他直接知覺到的**都是**感覺資料，決不是如一般人以爲的物質對象。這些感覺資料有時候是「眞實的」(veridical)，有時候則是「虛幻的」(delusive)。

像上述這樣的論證要點，對許多哲學家曾經是十分例行而全然不足驚奇的，但是，奧斯丁則力辯說，事實上它是可以反駁的，甚至其每一句話都有問題。現在讓我們看他怎樣一步一步詰難它。

奧斯丁問，一般人相信他們知覺到物質東西嗎？也就是他們**總是**知覺到物質東西，或者他們知覺到的每樣東西都是物質東西嗎？奧斯丁認爲對這個問題，我們沒有立即眞正清楚的回答，因爲「物質東西」(material thing) 不是一般人的用語。但是，未闡清的用語是可能被闡清的。在「物質東西」一語做若干闡清以後，似乎對這個問題的回答將應是一般人相信沒有這種東西。在一般人看到的東西中，天空是物質東西嗎？他們相信天空是物質東西嗎？或者他們相信虹、光線、水中的反射、閃光、火焰是物質東西嗎？他們聽到的聲音是物質東西嗎？我們又說一般人相信他們「直接」知覺到物質東西。這又是什麼意思並不淸楚；但是我們卻有直接看到什麼東西的觀念。假如我們有直接看到什麼東西，而且假如那就是所謂「直接」的意思，則的確我們有時候直接看到東西，但一樣我們有時候並不直接看到，譬如在經由望遠鏡或鏡子看東西的時候。

奧斯丁進一步反對這個古老論證的古老名稱：根據「錯覺」論證。因爲他認爲在所引的例子中，大半都不是眞正是錯覺的情況。固然巧妙的使用鏡子可能產生錯覺；但是錯覺論證似乎主張說，**不論什麼時候**，我們看鏡子就會產生錯覺。奧斯丁認爲，這當然是一個錯誤的主張。再說，巧妙的使用透視法也可能產生譬如一個月餅比它實際更大的錯覺；但是在某一程度內，當我們看幾乎任何東西，透視法保持適當的裁定。這樣我們還要提示說幾乎所有的視覺都是一種錯覺嗎？再說，如果一個教堂被僞裝像是一個穀倉，則一個教堂像是一個穀倉就是我們看它時我們所看到的；不論我們是否有意推斷它就是一個穀倉，它就是像是。

再說，也有不同的情況，譬如，在知覺中我們會以某種方式說有什麼東西是「錯的」(wrong)；在這裏在**什麼**是錯的之中有重要的不同。在這裏，對這裏所謂錯並沒有單一、無所不包的診斷。有時候「錯的」是感官本身，譬如如果兩個顏色不同的東西對我看來是不可區分的話，也許是因爲我色盲；有時候是情境的「錯」，譬如我們在強烈的紅光下看東西，或經由折射的媒介看東西，有時候一個東西看來非常像另一東西，譬如在一個黑暗背景上看一個頭帶一個黑袋的女人，就像看一個無頭女人一樣。有一個非常重要不同的情況是，有時候知覺者自己有某種劇烈的「錯」，譬如知覺者幻覺似乎看到或聽到沒有的東西或聲音。把所有這些（以及其他）情況混在一起當「錯覺」，當知覺到「虛幻的感覺資料」，或諸如此類的用語，對問題的澄清沒有用處。

這些情況有重要的不同，這個事實不應被輕率看過，也不應被含糊掉。

奧斯丁對錯覺論證的這一部分的考察，當然還更詳細，但是從上面的討論，我們可以總結一下他首先要顯示的是什麼。「根據錯覺論證」的斷言是，這一論證有效地破壞了一般人的**信念**，並且顯示一般人對日常知覺的看法是，他們是以某種方式**被誤導的**。但是，奧斯丁指出，這個論證並沒有顯示這些。「一般人」並不相信當他知覺到什麼東西時，他**總是**知覺到「物質東西」；因此去指出他有時候並不知覺到「物質東西」沒有什麼意思，因爲他知道這；他也完全知道有時候「表象」是會「欺騙人」的，或者他甚至似乎會知覺到不在那裏的東西；因此指出他會這樣也沒有什麼意思，因爲他並不懷疑這。那麼，一般人相信他「直接」知覺到東西嗎？奧斯丁說，這個問題是什麼意思很不清楚。再說，如果把它的意思看成它自然可能的，譬如，他曾清晰地看到在他面前直接看到的東西嗎？則似乎他會認爲他的確直接看到東西，而且他這樣認爲也顯然是正確的。這樣，根據錯覺論證破壞一般人的信念的觀念，看來似乎部分是依據所謂「一般人」的確在相信的非常粗心的誤傳上，而且在某一程度上，也依據設想來拒絕他的現象之粗心的錯誤描述上。

三、「不是事實的問題」與「看」的諸意味

我們已經討論了一般人是否總是錯誤的相信他直接知覺到的對象是物質東西的問題。顯然奧斯丁的回答是：不是。根據錯覺論證並沒有顯示一般人總是這樣錯。但是，如果我們把「如果問題……是當做一個事實問題」當附加條件的話，則艾爾他自己也

提出相同的回答。但是，令人驚奇的，艾爾進一步問：「〔根據錯覺〕論證甚至證明有在其中這樣一個相信，會被誤導的某種知覺情形嗎❻？」這的確是一個令人十分驚奇的問題。因爲我們已經講過，沒有有理性的一般人事實上會相信他（直接）知覺到的總是「物質東西」；例如，當他仰望晴朗的藍天時，他絕少可能說他直接「知覺到物質東西」，因爲天空不是「物質東西」。論證殆無必要去否證沒有人相信的東西。但是除此以外，的確至少有些標準的（所謂）錯覺例子，可以適當的當做建立至少一些什麼；其中大部分，諸如透視、折射、「視錯覺」等，並沒有意思去顯示所知覺到的和被當做所知覺到的，「不是物質東西」，但是確實**有**一些情況，譬如在幻覺中，幻覺者眞的會相信他知覺到一些物質東西，而且被誤導這樣想。但是，艾爾進一步提示說，除掉像幻覺這種極端的例子以外，我們的**任何**知覺都是「虛假的」(delusive)，甚至我們熟知的棍子在水中看來彎曲的也一樣。但是，這似乎等於說，不但諸如「錯覺」沒有證明它們設想要證明的什麼，而且它們就是沒有發生。艾爾可能眞正這樣的意思嗎？

不，他並不這樣。如同奥斯丁繼續指出的，他要意指的相當有趣。我們要記住前面加註的條款：「如果問題……是當做一個事實問題」。在這裏艾爾眞正要做的主張是，譬如說，不是一枝眞爲直的桿子決不看來它是彎曲的，而是它是否「眞正」爲直或爲曲的問題**不是一個事實的問題**。

奥斯丁覺得特別值得注意的是，艾爾解說這個進一步觀念的

❻ 艾爾：《經驗知識的基礎》，頁 14。

方式。初看起來我們也許會認爲艾爾講的並不眞，因爲在任何日常意味上，顯然一枝部分浸在水中看來彎曲的桿子是否是一枝直的桿子，**是**一個事實的問題。這甚至是一個十分重要的事實，因爲譬如一個櫓夫會希望確定他不被期待去用一枝彎曲的槳來划。那麼艾爾爲什麼提示說，這些問題**不是**事實的問題呢？

在奥斯丁看來，這答案旣簡單又駭人聽聞。那就是，艾爾究竟要說的，**就是**沒有關於「物質東西」的事實，不論是科學的事實或是日常觀察的事實都沒有。如果我說槳看來是彎曲但卻是直的，而你則說它是彎曲的，那麼艾爾的說法是：「就關涉事實來說，我們之間沒有眞正的爭論[7]」；如果我說你和我看到相同的東西，而你「喜歡說」我看到一個東西你看到另一個，則「這些詞語要去稱指的事實在那一情形都是相同的」。這個說法是說，唯一有的**事實**是某種感覺經驗出現；所有其他的問題，那些不是關於實際感覺經驗出現的問題，正確看來不是事實的問題，而是大致說來，是我們要說什麼，要如何描述事物，甚或我們「喜歡」或「選擇」去說什麼的問題。唯有的眞正事實敍說，是那些純然紀錄某某感覺經驗出現的敍說；在所有其他形式的討論中，我們最多好像是說，除了這些以外還有其他事實。

艾爾在論辯「根據錯覺論證」並沒有建立什麼事實的事以後，他繼續問道，這種論證是否也許建立一些有關我們的語言的什麼：「如果我們要能夠描述所有經驗事實，它不就證明了在我們日常的講話方式中，無論如何我們需要做某些更改嗎[8]？」

艾爾論辯說，要抓住的要點是「我們日常的講話方式比我們

---

[7] 艾爾：《經驗知識的基礎》，頁 18。
[8] 前書，頁 20。

有時給它的信用要更易變」。他認爲在「一個正確而常見」的使用「知覺到」(perceive) 一詞，以及其他諸如「看到」(see) 或「聽到」(hear) 這些知覺動詞中，「說到一個被知覺到的對象確實帶有它存在的涵蘊❾」，譬如，如果我看到一隻狼，則就有一隻被看到的狼。但是，艾爾認爲這些動詞有另一種意味的使用，這種使用也一樣「完全正確和常見」；在這種使用中，「說到一個被知覺到的對象並不涵蘊著說它有任何意味的存在」。艾爾說，同理，「看到」(see) 一詞有一種意味，在這種意味中不可能有這樣的情形，即被看到的東西「應該像是有它並不眞正具有的性質」；但是，「看到」也有另一種意味，在這種意味中，這種情形有可能。因此，譬如一張紙在一個重視患者面前時，他可以否認他眞正看到兩張紙（雖然也許他像是看到）；但是，在另一種「正確和常見」的意味上，他一樣也可以說他眞正看到兩張，面對在水中的直桿子時，他也許會否認他看到這桿子（因爲任何被看到的東西應該像是具有它並不眞正具有的性質是不可能的）；但是，他也一樣可以堅持他看到它，因爲在另一種意味上，這桿子未必應具有它看來具有的性質。艾爾說，這確實是日常語言中的「歧義」；但是，它們「不是日常上對我們產生混淆的根源❿」；這種「意味」的多樣「是」常見的。

奥斯丁並不同意依這樣的根據提出的說法。這個根據是「根據錯覺論證」並不面對不能够一貫地描述和處理現象的「日常語言」。他認爲如此提供的根據，實際上只是語言的幻想而已。十分困難的問題是，要如何建立一個字詞具有「不同意味」，以及

---

❾ 前書，頁 21。
❿ 前書，頁 24。

如果有不同意味的話，**什麼**意味和有多少意味是沒有被明白提出的。但是，奧斯丁說，顯然至少一些被提出的「意味」，以及被說是「正確和常見」的，是純粹虛構的。譬如，沒有這種「意味」的「看到」一詞，使得說一些什麼東西被看到了「並不涵蘊著說它在任何意味上都存在」。如果沒有狼被看到，則單單依這根據，不可以有我看到一隻狼。當我知道在一個幻想的醉漢附近沒有老鼠被看到時，我確實也許會說他「看到淡紅色的老鼠」；但是這樣說也不過是顯示：「看到淡紅色的老鼠」是一個已接受的徵定某種特別的幻覺經驗而已；它並不顯示一般說來有任何這種「意味」的動詞「看到」。一般說來，有人看到老鼠當然涵蘊有實際的老鼠被看到。再說，**沒有**這樣意味的「看到」一詞，那就是被看到的一些什麼「好像是具有它並不眞正具有的性質」；我們也許有某種特別的東西，譬如在**被看到**的場合爲殘像，其中在它們「好像」如何是和它們眞正如何是之間沒有眞正的區別；但是這並不顯示一般說來有任何特別意味的「看到」。一般說來，有人看到些什麼總是和這樣的假定和可能並存的，那就是這些什麼除了對他看來是怎樣以外，總是以某種形式眞正存在的。奧斯丁問，如何可能有一個**單一**意味的「看到」，在其中被看到的什麼一則必須具有它看來具有的性質，但又不可能存在呢？「什麼東西必須具有它看來具有的性質呢？」一個倂有這種「意味」的語言確實會有某些麻煩的。

四、「根深柢固性」的檢討

在《感覺與被感覺的》第十章開始，奧斯丁的討論從知覺轉到知識論，尤其是知識的基礎的問題。艾爾在他的《經驗知識的基礎》所感興趣的，在某一意義上，主要不在知覺，而在「經驗知識的基礎」。在認定經驗知識預設某種感覺經驗的出現之下，到底我們實際具有**那種**感覺，或多少種感覺，它們的那些使用實際是相同的，或者它們是否使我們導入錯誤，而且如果有這種誤導的話，是如何誤導以及為何誤導，並不重要⓫。

在知識論上，艾爾認為我們具有感覺經驗，譬如在聽到鄰近樹林裏杜鵑的鳴聲中，我們有坐在躺椅裏的感覺經驗。但是在原則上可能有這樣的情形，那就是當事實上一個人沒坐在躺椅裏時，他會有恰好如同那樣的感覺狀態，卽好像正如坐在躺椅裏。在這種情況裏，可能也許沒有躺椅，沒有杜鵑鳴聲，沒有樹林，這感覺經驗本身在原則上可以如同一樣的。具有一個感覺經驗，依定義就是「直接」知覺到一個感覺資料 (sense-datum)。現在一個單純關於感覺資料本身的判斷會是決定性地可印證的，卽由直接知覺到的感覺經驗的出現「直接」印證的。而這種判斷會是「根深柢固的」(incorrigible)，因為其範圍就限制在該感覺資料，沒有別的經驗——不論是自己的還是別人的，也沒有關於別的什麼的判斷可以與它有關，因此它們不能顯示它為假或迫它縮收。這樣的判斷，由於是這樣決定性地可檢眞的，因此確實是根深柢固的，因而當然是確定的。艾爾說，這種判斷的詞語可以說是「精確的」(precise)，它稱指的就是這個感覺資料而沒有別的。

任何關於「物質對象」在每一點上和這形成對照。我聽到杜鵑鳴聲的這個我的判斷，由於它不僅僅**如同**我聽到而且事實上我聽到，必定「超出」我此時此地具有的感覺經驗。諸如杜鵑鳴聲

⓫ 奧斯丁:《感覺與所感覺的》，頁 96。

的物質東西是既有持久性也有公共性的，因此易受任何人的觀察；因此根據我此刻的感覺經驗，如果我聽到杜鵑鳴聲，那麼就在這一點上我「推論」或「認定」其他適當的項目的感覺經驗，不論是我自已的還是別人的，在原則上都是可用的。如果是這樣的話，則這種關於「物質對象」的判斷不能「直接」被檢眞，因爲這個判斷所根據的感覺經驗依其本身不是其眞假的充分條件；它不能**決定性**地被檢眞，因爲所涵蘊或認定的其他可用感覺經驗的整列不是有限的，也就是說，不論有多少我可發現的感覺經驗是和我聽到杜鵑鳴聲這一判斷相一致，也仍有可能有其他的經驗因其某種「錯誤」，而把該判斷否定掉。這種判斷因而在原則上是絕不確定的。艾爾認爲，這種判斷不可避免地「在其應用於現象中是含混的」，因爲我們不可能規定感覺經驗的任何聚集，使得其可用性會給這種判斷的眞假提供充分又必要的條件。

艾爾論辯說，我們必須承認經驗知識具有一定的**結構**（structure)。經驗知識的**基礎**（foundation）是感覺經驗，或者說得更正確些，是關於個別感覺資料的命題，在感覺經驗中，我們「直接」知覺到這個別的感覺資料。這些命題並不依據證據，而是直接並且可決定性地是可檢眞的；這些命題是確定的，根深柢固的、精確的。其他的**每樣東西**，無疑的在不同程度上，是理論、推論、假說、推測。因爲關於物質東西的命題超出感覺資料，因此它們不是可直接檢眞的，也因此它們必定要依據證據、推論或假定，因此它們在原則上總是可改正的、不確定的、含混的。

讓我們看看奥斯丁如何反駁這些說法。

首先，他指出關於感覺資料的命題實際上不是**根深柢固**不可改正的。一個「感覺資料命題」實際上像是什麼，其詞語會是什麼等等，並不全然淸楚。但是，我們卻以一般的話被告知說一個感覺資料命題的意義或內容是這樣的，即其眞假只依據那感覺經驗本身，沒有冒推論或推測的危險，在邏輯上與其他的任何東西隔離，因而不會被其他的任何東西攻破。就讓我們認定這好了，但奥斯丁說，如果其提出者有說些什麼的話，他是在說他此刻的感覺資料具有一定的性格。這樣，如何可能說在原則上他在這樣說中不會有某種錯誤呢？這裏會有的錯誤不只是推測。譬如這些錯誤都有可能，錯誤描述、錯誤分類、錯誤辨認，這些錯誤不但也許會經由無關緊要的溜嘴或無害的某些描述詞的特徵使用而產生，而且也可能經由諸如急躁、不小心、缺乏經驗或技術而產生。無論設想感覺資料是如何正確，有什麼東西可以這樣來保證一個可能犯錯的人，原則上在他對感覺資料的判斷上絕不會有錯？依定義，他也許會免除某種錯誤的可能，即那種因依據有危險的假定或無保證的推論而產生的錯誤。但是他也許會在其他重要方面陷入錯誤，因而可能遭受改正。

因此，不論是怎樣的感覺資料命題，都不是這樣根深柢固不可改正的。它們也不是這樣「精確」。艾爾的提示似乎是這種命題是這樣之下「精確」的，即其「稱指」依定義要爲絕對特定的，那就是，當我提出這種命題時，它是「關於」就這個感覺資料的，而不是別的什麼。但是，精確實際上是不是我正在談到的東西，而是我正在說到它。你問我桌子上玻璃杯裏的是什麼，讓我們假定這是絕對淸楚的，即我的回答是稱指那而不是別的什麼。我可能含混地回答那是一種微紅色的液體，或是更精確說，一種臺灣公賣局的紅梅酒。同理，關於某一感覺資料的說法，可以依你喜歡多含混就多含混，譬如「粉紅」或「淺紅」。奥斯丁

對這點評論說:

> 在這裏有一個困難是，從未眞正弄清楚的是艾爾是否把「感覺資料語言」看做是一些已經存在以及我們所使用的什麼，或者他是否把它想做僅只是一種在原則上可以創造的可能語言；就因爲這個理由，我們並不十分知道我們設想要討論的是什麼，或在那裏去尋找例子⑫。

但是，在我們實際上被告知感覺資料命題的字彙實際是什麼以前，我們不能眞正提出這種命題是否精確或含混的問題。但是奧斯丁說，如果感覺資料的徵定總是要「精確」，則它要爲根深柢固不可改正的機會就因此減少了。當我們希望把錯誤的機會減至最小時，我們就在含混中「避難」；要極端精確就得要冒犯錯的危險。

那麼，與感覺資料命題對反的，關於「物質東西」的命題又怎樣呢？它們被說是絕不根深柢固不可改正的，不是可決定性地檢眞的；它們可以而且總是需要「證據」支持的，但這些證據又絕不足以充分使其眞假確定。奧斯丁對這些都加以反對。首先，這種命題絕不能決定性地檢眞的說法，似乎是依據這樣的假定，即任何關於物質對象的命題，都必定難免和永遠受到某些不可預料的、頑抗的、困難重重的感覺經驗成爲假的攻擊。這種感覺經驗在將來和在此刻，原則上都是無限的。但是眞的是這樣嗎？假定我和某一隻動物親密住在一起若干年，而且我和其他的人們總是

⑫ 奧斯丁:《感覺與所感覺的》，頁 130。

把這隻動物當做貓。眞的有這樣的情形嗎？那就是我們將來的經驗，會在任何時間逼我們都下結論說我們一向都錯誤了嗎？無疑的，原則上這樣十分不尋常的事可能發生，那就是，這隻動物逐漸變成剛硬的頭髮，開始叫吠，或者講俄語，縮成老鼠大小，或不可解的在我們眼前消失。但是我們這樣就不得不下結論說它**從未是**一隻貓嗎？當然不會。我們也許會驚訝的說，牠似乎變成一隻狗了，或者我們也許會更驚訝地找不出言辭可說；但是我們不需質問有若干年牠無疑是如同我們都把牠當做那樣，是一隻貓。這是決定性地建立的，不是經無限多次的檢驗，而是經由我們多年的經驗。要確定，要決定性地確定某一對是屬於某一常見種類的，我們需要對它具有**足够**的經驗，而且在某些情況中還要完成**足够**的檢驗；而且當我們因此而充分確信這個東西譬如是一支電話時，則雖然將來的事故也許會使我們驚惶，但它不需強使我們把這個命題當假而去掉，好像我們自始就以錯誤來接受它。我們知道，**它會是**一支電話。

這樣，需要決定性地建立這種命題的「證據」在量上不是無限的。够就足够了。然則，所有這種命題都是根據「證據」提出來的嗎？奥斯丁認爲這樣說似乎全然不自然。警察根據某種證據也許會推斷說，請求他們協助的罪犯此刻在臺北某地。但是假定他們到臺北並且實際找到此一罪犯。那麼，在他們面前他的在場比他在那裏更**證據**嗎？不然，因爲他們現在得到的「他在臺北」這命題是一些比這樣的證據更好的東西，這證據就是這個人本身的身體在場。我此刻手中握有一隻鉛筆；但我沒有一隻鉛筆在那裏這一證據，我只能够看到和感覺到它。

奥斯丁在這裏有一個很重要的一般要點，那就是，設想我們能够有用地以任何這些用語來講到**命題種類**（kinds of proposition），在原則上是一個錯誤。例如，拿命題「白白是一隻貓」來說吧。如果我們喜歡我們可以問，那是什麼「種類」的命題。如果我們喜歡我們可以說，該命題的種類是經驗的，關於物質對象的適眞（contingent）命題，現在假定它只是**該種類**的一個命題。那麼，我們顯然不能有意義地回答這個問題，即它是眞還是假？因爲當它可能爲眞，如果被稱指爲「白白」的果眞是一隻貓，否則的話它爲假。但是奧斯丁的爭點是，我們一樣可以問：它是確定的還是概然的？它需要檢眞嗎？它能不能檢眞？它要依據證據嗎？這證據多強？它**提供**證據嗎？它後來可能會變成假嗎？所有這些問題都不是對我們講到什麼種類的命題，而是對大致說來這個命題提出的特定**環境**。我自己講到我自己的寵物有十年的關聯，白白是一隻貓當然爲眞。對該命題我既無需證據也無需檢眞。如果有一個熟人對我講到他自己的寵物白白，也許根據「白白」常常是一隻貓的名字，我可能認爲白白是一隻貓可能爲眞；而如果關涉到我的話，我也許會繼續去檢眞該假定。再說，白白是一隻貓也許在某些情況中，是譬如當做某人設想我喜歡動物的「證據」等等。如果是這樣的話，那麼把關於「感覺資料」和關於「物質對象」這兩種類的命題認做一種以後，而來問那一**種類**本身是確定或不確定、可改正或不可改正、可檢眞或不可檢眞，根據證據或證據提供，或眞或假，在原則上必定是一種錯解。對這種問題沒有答案。奧斯丁說：「如果知識論是要給這種答案找根據的話，則沒有這回事」⓭。

⓭ 奧斯丁：《感覺與所感覺的》，頁 124。

第十章　奧斯丁論眞理

一、「眞」基本地是對敍說使用的

我們講過的，奧斯丁寫的和講的哲學共集成三本書，即《如何拿話做事》、《感覺與所感覺的》和《哲學論文集》(*Philosophical Papers*)。在前幾章中，我們已經討論過前面兩本。《哲學論文集》一書計有十三篇論文[1]，分別討論一些哲學主題和觀念。在本章和下面兩章中，我們將討論其中三個主題。

本章要討論的，主要是奧斯丁的〈眞理〉(Truth) 一文所講的。首先讓我們來看看，「眞」或「是眞的」(is true) 是用來對什麼而說的。我們知道，不論在中文或在英文，我們常常使用「眞」或「是眞的」等類此的詞語來講到種種不同的項目。例如，我們說:「這是一句眞話」、「這個寶石是眞的」、「這個信念是眞的」、「這個說明是眞的」、「這個描述是眞的」、「這是眞相」、「是眞的嗎?」、「那是眞的」等等。奧斯丁首先問，我們說是眞的或是假的到底是什麼東西？或者 "is true"(是眞的) 一詞到底如何在英文語句裏出現? 初看起來，顯然有種種不同的答案。例如，我們說信念 (beliefs) 是眞的、描述(description) 或報導 (accounts) 是眞的、命題 (proposition)、

---

[1] 本書是奧斯丁的文章和講稿集子。1961 年初版，1979 年第三版。第三版的計有十三篇文章。

斷說 (assertion) 或敍說 (statement) 是眞的、話（言辭，words）或語句 (sentence) 是眞的。或者，我們說：「那隻貓在蓆子上是眞的」(It is true that the cat is on the mat)、「『那隻貓在蓆子上』是眞的」。或者當別人說些什麼時，我們說：「非常眞」(very true)、「那是眞的」(That's true)。奥斯丁問，在這些以及其他種種「是眞的」的使用中，有沒有一個基本的使用呢？他認爲有。那就是用在「敍說」(statement)上。他認爲，諸如下面的就是這種基本的使用形式：

那隻貓在蓆子上是眞的 (It is true that the cat is on the mat)。

那個敍說是眞的(That statement is true)。

那隻貓在蓆子上這個敍說是眞的 (The statement that the cat is on the mat is true)。

他認爲其他使用「是眞的」的項目，可以說只是「敍說」的一種相關或引伸。例如：

(a) 有人說「眞理基本的是信念 (beliefs) 的一種性質」。但他懷疑，除了在哲學和神學的領域以外，「一個眞信念」是否是一個常用的語詞。同時顯然當我們說一個人抱守一個眞信念時，他實際上是在相信「某某爲眞的東西」，這東西其實就是敍說。因此，爲眞的東西基本的還是敍說。

(b) 所謂眞的描述 (descriptions) 和眞的報導 (accounts)，不過是眞的敍說的不同說法而已。所謂眞的命題 (proposition) 也一樣。在法律或幾何學上的所謂命題，通常是一些要我們靠論證來接受的東西——一種通則；它不能是對現行觀察的一種報告。如果有人告訴我說那隻貓在蓆子上，這個告訴不是一個命題，而是一個敍說。又在哲學上，有時「命題」是當「一個語句或一個語句族的意義或意思」這個特別方式來使用的。但是奧斯丁說，這個意思的命題不能成爲是眞或是假的東西，因爲我們絕不說「這個語句或這些話的意義是眞的」；我們說的是這個法官說的是眞的，也就是「這個意義的話是眞的」，也就是這個法官做的敍說是眞的。

(c) 的確，有時候我們說某某言辭或語句是眞的，但這只就某一意義而言才是。語言學家、字典編纂者、語意學家、批評家等討論的言辭或語句，沒有眞假。這種言辭或語句或是造錯的、有歧義的、不可翻譯的、不能發音的、拼錯的、古典的等等。雖然我們可以說「他的結尾的話非常眞」、「他講話的第 5 頁第三個語句是眞的」，但是在這裏，「話」或「語句」是指在一定場合一定的人所使用的話或語句，這個話或語句是指敍說。

奧斯丁說，一個敍說 (statement) 是做的，其做成是一個歷史事件；敍說是一個說話者就一個歷史情境、事件等等對一個聽話者所做的講話。一個語句是由字詞造成的，而一個敍說是在字詞中造成的。一個語句可以說不是一個英文語句，或是不是一個好的英文語句，而一個敍說則可以說不是在英文語句中做的，或是不是在好的英文語句中做的。敍說是被做的，言辭或語句是被使用的；我們使用言辭或語句來做敍說。**相同**的語句可用來做**不同**的敍說，例如，「今天天晴」這個語句，用在今天，它可能做一個眞的敍說，因爲今天天晴，但用在昨天，它可能做一個假的敍說，因爲昨天天下雨。正確的說，我們講「敍說 S」(the statement that S)，但要說「語句『S』」(the sentence “S”)，而不說「語句 S」。

在這裏，奧斯丁對語句和敍說做了很仔細的區別。但是在日常討論中，我們卻常常混用和互用語句和敍說。奧斯丁所做的這種區別，在哲學上相當被接受。

二、敍說怎樣為真？

「是眞的」一詞旣然基本的是對敍說而說的，那麼，一個敍說怎樣爲眞呢？奧斯丁提出了被人稱爲「精製講法的眞理符合論」(purified version of correspondence theory of truth)。

一個敍說什麼時候爲眞呢？奧斯丁說，一個暫時的回答是:「當它和事實（fact）符合（correspond）時」。他說，如果我們要用語言來達成某種溝通的話，則必須要有一個溝通者（說話者）隨意能夠製作，和一個受溝通者（聽話者）可以觀察的某種符號。這些符號可以叫做「字詞或言辭」(words)。當然，它們不一定是非常像我們通常所謂的字詞，任何符號，譬如信號旗都可以。除了字詞以外，也必須要有這些字詞要用來溝通的東西，這也許可以叫做「世界」(world)。再說，這世界必須顯示相似和不相似的東西，因爲如果每一個東西和任何其他東西都絕對不可區分，或者和任何其他東西都完全不相像，則就沒有什麼好說的。

奧斯丁說，一個敍說之眞是由它和「世界裏」的一些什麼「符合」而成的。那麼，一個敍說怎樣和世界裏的一些什麼「符合」呢?

爲了回答這個問題，奧斯丁說要有兩組約定：首先是「描述的約定」(descriptive convention)。例如，試看「那隻貓在蓆子上」這個言辭或語句。描述的約定是說，言辭或語句，譬如這個言辭或語句，和在世界裏可找到的情境（situation）、事物（thing）、事件（event）等等的**類型**（types）相關聯（correlate）。大致說來，知道這個約定是什麼是知道「那隻貓在蓆子上」這個語句是什麼意思。另一個約定是「實示的約定」（demonstrative convention）。這個約定是說，言辭或語句，譬如「那隻貓在蓆子上」這個言辭或語句，或者說得更精確些，這個言辭或語句的某一個特定的講出，和在世界裏某一特定時間和地點可找到的**歷史**情境或事態相關聯。要知道這個約定是什麼，是要能够知道一個人在某一場合說那隻貓在蓆子上要提到那一個**特定**的事態。

這樣，我們說那隻貓在蓆子上這個敍說是眞的，當它在下面的意義下和世界裏的什麼符合時：在某個特定場合說出的「那隻貓在蓆子上」這個言辭或語句，依實示的約定和某一個歷史情境或事態相關聯，而這一歷史情境或事態，依描述的約定是屬於「那隻貓在蓆子上」這個言辭或語句所關聯的類型的。

對上述敍說爲眞的定義，最好再說明一下。現在我們有「那隻貓在蓆子上」這個語句。依描述的約定，這個語句和可在世界裏找到的一些情境、事物、事件、事態等等的某個**類型**（types）"T"相關聯。當有人在某一特定場合使用這個語句來做一個敍說"S"時，如果有一個可在世界裏找到的某一個歷史情境、事物、事件或事態"R"和敍說S相關聯，則S爲眞，如果沒有這樣的歷史事態和S相關聯，則S爲假。

對這個定義，奧斯丁提出兩點注意：

(a) 首先，我們常使用「事實」（fact）一詞來表示歷史情境、事件和事態等等，更一般來表示這世界。「事實」常常和語句「事實是S」(The fact is that S)，「這是一個事實S」(It is a fact that S)，或和詞組「事實 S……」(the fact that S) 連起來使用。這些使用都表示說 S 是眞的。例如，「事實是那隻貓在蓆子上」和「這是一個事實那隻貓在蓆子上」都表示說那隻貓在蓆子上是眞的。奧斯丁說，「事實」的這些使用會讓我們以爲:

(i) 「事實」一詞不過是「眞的敍說」(true statement) 的一個代替詞而已。

(ii) 對每一個眞的敍說，存在「一個」而且是它本身這個對應的事實。

不論是那一個以爲，我們都以爲除了眞的敍說以外，它沒有對應什麼，不然我們就會給世界雙重語言。但是，奧斯丁說，當一個敍說爲眞時，我們當然就有使這一敍說爲眞的某一個事態，這一事態和講它的這個眞敍說是完全不同的東西。我們只能在言辭或語句中描述事態。敍說我感覺生病和我感覺生病之間有鴻溝。

(b) 奧斯丁說，「符合」(對應) (corresponds) 一詞也惹人痲煩，因爲我們通常不是給它太侷限的意義，就是太富色彩的意義，或是給它在我們這個討論上不能具有的意義。他認爲，所謂符合，在這裏基本之點是: 在下面意義之下的言辭 (語句) 和事態的類型之間的相關，是**絕對**和**純粹**約定的；這個意義就是，當一個敍說是以這些言辭就該類的某一個歷史事態所做的時，這個敍說就爲眞。只要就眞來說，我們有絕對的自由來指定**任何**符號去描述**任何**事態類型。用來做一個眞敍說的言辭或語句不需要以任何方式去「反映」(mirror) 事態的任何特徵，無論怎樣間接的方式也不需要；爲了要爲眞，除了字詞需要形聲以外，一個敍說不需要去複寫世界的「複本」，譬如什麼「結構」或「形式」。奧斯丁說，認爲語言有這種複寫的，是一種錯誤；這種錯誤是把語言的特徵去校正世界的特徵。

奧斯丁說，一個愈初期的語言，則常常愈以一個「單一」(single) 的字詞來表示一個十分「複雜」的事態類型。這種語言的缺點是難以學習，而且不能够處理非標準的、不能預見的情境，因爲對這樣的情境可能沒有可用的字詞，因爲一個字詞表達一個情境，新的情境需要新的字詞，而不能利用舊有字詞的不同組合來表達。反之，一個愈發達的語言雖然並不使在其中的敍說更能够爲眞或能够更爲眞，但卻使它更能够調適、更好學、更好了解、更精確等等，而以約定方式使這語言「反映」世界裏看到的特徵，無疑將可增進這些目標。

然而奧斯丁強調說，卽使一個語言的確非常緊密地「反映」這些特徵，敍說的眞理仍然和在最初期的語言一樣，是言辭或語句被用來在**約定上規定**爲這敍說所指的事態的類型。一張地圖不論如何緊密地「反映」地形地物，它和地形地物的相關仍然是依約定來了解的。

除了以上的問題以外，在〈眞理〉一文中奧斯丁還討論下面幾個主題：

(1) 在「p是眞的」這個形式的語句中，「是眞的」一詞在邏輯上是否是多餘的？奧斯丁的回答是：「不是」。史陶生 (P. F. Strawson) 對他的看法有激烈的爭辯。在本書中我們不準備討論他們的討論❷。

---

❷ 我個人對這個問題的回答也是：「不是」。我是從可能世界的觀點來立論的；參看我的〈累贅眞理論是眞的嗎？〉，《臺大哲學論評》第十三期。史陶生在他的〈眞理〉(Truth)、〈有關眞理的一

(2) 肯言 (affirmation) 和否言 (negation) 在邏輯上是否同一層次的問題。奥斯丁認爲是。他認爲一個語言必須包含這兩者，而且兩者都直接稱指世界。我不同意這種看法，但我不準備在本書中辯我的看法。

(3) 奥斯丁說，設想所有的敍說都意圖爲「眞」是不切實際的。這一點我們在本書第二和第三章討論他的做言理論時，已經討論過很多。

在下一節裏，我們將從可能世界的觀點來評估奥斯丁對眞理的定義。

三、從可能世界觀點評估奥斯丁的眞理定義

在這裏我們將從可能世界的眞理論的觀點來評估奥斯丁對眞理的定義。這種眞理論也是我個人所堅持的。我們這裏所謂可能世界 (possible world)，大體說來是指一個敍說（命題或語句）的眞假是要就某一個可能世界來說的，雖然我們常常明示或是暗中就這個實際世界來說，但不是非就這個實際世界來說不可；這個實際世界只是可能世界之一而已。一個就（在）某一個可能世界爲眞的敍說，就（在）另一個可能世界可能爲眞或爲假。一個

個問題〉(A problem about Truth) 和〈眞理：奥斯丁看法的一個再考慮〉(Truth: A Reconsideration of Austin's Views) 這些文章中有許多討論，這些文章都收在他的《邏輯語言論文》(*Logico-Linguistic Papers*) 一書。又瓦諾克 (G. J. Warnock) 對這個問題也有討論。參看他的〈有關眞理的一個問題〉(A Problem about Truth) 此文收在比查 (G. Pitcher) 編輯的《眞理》(*Truth*)，〈眞理與符合〉(Truth and Correspondence) 收在羅林斯 (C. D. Rollins) 編輯的《知識與經驗》(*Knowledge and Experience*) 和《奥斯丁》(*J. L. Austin*) (第4章眞理)。

就某一個可能世界爲假的敍說，在另一個可能世界可能爲眞或爲假。讓我們舉個例子來說。「地球是圓的」這個敍說，就我們這個實際世界來說是眞的；就地球是圓的而月球是扁的這某一個可能世界來說也是眞的；但是就地球是扁的某一個可能世界來說是假的。反之，「地球是扁的」這個敍說，就這個地球是圓的這個實際世界，或就地球是圓的而月球是扁的某一個可能世界來說是假的，但就地球是扁的某一個可能世界來說卻是眞的。

我們可以用種種不同方式來「定義」所謂可能世界。一個最普通最實際的方式也許是這樣。首先，讓我們假定我們這個實際的世界是一個可以描述的世界。這個實際（存在）的世界當然是一個可能的世界。顯然，我們可以描述或想像一個有一點或多點和這個實際世界不一樣而其他都和這個實際一樣的「可能世界」。這樣的可能世界可以有許許多多個，甚或無限多個。顯然，我們這樣來了解的所謂可能世界，是一種很普通的概念，而不是什麼奇特的東西。

我們知道，許多哲學家在定義眞理（敍說之眞）時沒有使用可能世界的觀念，或有意避開或避免使用可能世界的觀念。但是，依我個人的觀察，追根究柢，任何進一步要講得更清楚的眞理的定義，非「逼出」可能世界的觀念不可，也就是非使用可能世界的觀念來解說不可。

在定義敍說之眞時，奧斯丁沒有使用可能世界的觀念。這一則可能由於當時可能世界的觀念並不盛行，二則更重要的可能，由於奧斯丁喜歡使用「語言使用」的觀念，而不喜歡使用「結構」和「整體」等觀念來討論語言的意義和眞理等問題。

我們知道，在定義敍說之眞時，奧斯丁使用了所謂兩個約定，即描述的約定和實示的約定。他說，依描述的約定，我們把言辭（words）和語言和要在世界裏找到的事態的**類型**（type）關聯起來。依實示的約定，我們把敍說和要在世界裏找到的**歷史**事態關聯起來。在這裏，他沒有對所謂的事態的類型和歷史事態多做解說。現在就讓我們把在歷史上（可包括將來發生的「歷史」）發生的一件一件事實或事件，看做是歷史事態好了。那麼，什麼是事態的類型呢？也許我們可以借用語言學和語言哲學上所謂的類型和具例的區分（type-token distinction）來說明這。我們可以用兩種意義來稱指某一東西。例如，如果我問：「在『道可道非常道』」這個語句中有多少漢字？」有人回答說有六個，有人回答說有三個。在一種意味上，這兩個回答都是對的。當做具例（token），這個語句有六個不同的漢字，即三個「道」字，一個「可」字，和一個「常」字。但是當做類型（type），這裏只有三個不同的漢字，即「道」、「可」和「常」，第一個、第二個和第六個「道」字具有相同的類型。也就是說，這個語句含有六個漢字具例，但只含三個漢字類型。

在這裏，我們似乎可以把奥斯丁所謂的事態的類型和歷史事態的區分，看做相當於剛剛所講的類型和具例的區分。在類型和具例的對照中，類型這個概念可以說是從具有某一相同性質的許多具例抽取出來的。例如，「道」這個字的類型是從具有「道」字這個形狀的許多「道」的具例抽取出來的。同理，一個事態的類型可以說是從具有這一事態性質的許多歷史事態抽取出來的。現在我們要問的是，「具有某一事態性質的諸歷史事態」到底是怎樣的。讓我們就「1969 年阿姆斯壯登陸月球」這個事態來說，那麼，所謂「具有 1969 年阿姆斯壯登陸月球這一事態性質的諸歷史事態」到底是怎樣的？ 也就是，「1969 年阿姆斯壯登陸月球」這個事態的「諸歷史事態」是怎樣有的呢？顯然唯一可以比較淸楚解說的也許是利用可能世界的觀念。顯然，我們可以有含有「1969 年阿姆斯壯登陸月球」這個歷史事態的許多甚至無限多個可能世界。在每一個這樣的可能世界中就有一個「1969 年阿姆斯壯登陸月球」這個歷史事態，也就是這樣的事態具例（token)。由於我們有許多甚至無限多個這樣的歷史事態，我們就有著這樣的歷史事態。從這些諸「1969 年阿姆斯壯登陸月球」的歷史事態，我們可以抽出「1969 年阿姆斯壯登陸月球」這個事態的類（class）或類型（type)。這樣，我們就利用了可能世界的觀念來解說奥斯丁的所謂事態的類型和歷史事態。

現在依奥斯丁的描述的約定，我們有和語句「1969 年阿姆斯壯登陸月球」相關連的事態的類型。在可能世界的觀點下，當我們有「1969 年阿姆斯壯登陸月球」這個描述時，我們就有許多甚或無限多個含有「1969 年阿姆斯壯登陸月球」這個事態的可能世界；同時我們也有許多甚或無限多個**不含有**這個事態的可能世界。依奥斯丁的實示的約定，當我們使用「1969 年阿姆斯壯登陸月球」來做敍說時，是稱指世界裏的「1969 年阿姆斯壯登陸月球」這個歷史事態的。在可能世界的觀點下，當我們使用這個語句來做敍說時，一定是就某一個可能世界來說的。如果這個可能世界裏有「1969 年阿姆斯壯登陸月球」這個事態或歷史事態，則這個敍說爲眞；如果這個可能世界沒有這個事態或歷史事態，則這個敍說爲假。

在我們這個對比的討論下，我們可把奥斯丁依描述的約定而有的事態的類型，看做相當於跨世界（cross-world）這個觀念，而把依奧斯丁的實示的約定的歷史事態，看做相當於某一個可能世界。

第十一章　奧斯丁論辯解以及他的行動哲學

一、奧斯丁論辯解

自早期的哲學以來，行動 (action) 和行爲 (conduct) 的概念一直就是哲學考察的對象。從二十世紀中期以來西方哲學，尤其是英語國家的哲學家，討論這個概念的更大量增加。今天，行動論 (theory of action) 或行動哲學 (philosophy of action) 已經成爲哲學中的一門顯學。對行動這一概念的適當了解是很重要的，因爲在倫理學、自由意志的爭論、法律哲學和心哲學等諸領域中，要面臨這個概念的抉擇。

幾乎所有奧斯丁晚期的著作——從 1955 年到 1960 年他過世，都涉及對行動這一概念各種層面的討論。在他這些著作中所提出的觀念，對行動哲學的貢獻是非常重要而有原創性的。

在本章中，我們將討論奧斯丁在他的〈懇求辯解〉(A Plea for Excuses)和〈潑墨水的三個方式〉(Three Ways of Spilling Ink) 中討論到的行動哲學和一些相關的重要觀念❶。

在〈懇求辯解〉一文中，奧斯丁以討論「辯解」(excuses) 的論題爲例，討論「行動」以及一些相關的東西。在本節我們先討論「辯解」的問題。什麼時候我們對我們自己或別人的行爲（

---

❶　這兩篇文章都收在他的《哲學論文集》。

conduct) 做辯解 (excuse) 呢? 奥斯丁說:

> 一般說來，情況是這樣的: 在有人被指責 (accused) 做了某些事情的時候，或者 (如果這樣說會更清澈的話) 在有人被說 (said) 做了壞事、錯事、不恰當的事、不受歡迎的事，或以其他許多不適合的可能方式做事的時候❷。

在這個時候，這個被指責的人當然也許會斷然否認他做了這事。代之，他也許會承認他的確做了這事，甚至情願接受做了這事，但卻會繼續爭辯說，它不是有什麼可以反對的，甚或爭辯說，做它是一件好事，對做事，有意義的事，或值得的事，那就是說，他也許會去對他做的事做**辯理** (justify)，或對他自己已做這事做辯理。另外，和上述不同的是，他也許會接受他是做了它，並且接受他所做的在某些方面的確是可反對的，但是他會主張說，不加限制就說他做它是壞，是不公平的，因爲也許它是一個意外，一個非故意的，或無意的。奥斯丁把這些叫做「辯解」(excuse)。在這裏奥斯丁告訴我們，如果我們被指責做了什麼壞事，我們有兩種類型的辯護 (defence): 一種是，我們接受責任，但否認這是壞的，這種是**辯理** (justification); 另一種是，我們承認這是壞的，但不接受完全，甚或任何責任，這種是**辯解** (excuse)。齊紹姆 (R. M. Chisholm) 提示還有另一種，也可以適當地叫做「辯解」(excuse)❸。

齊紹姆說，有一類行動也許可以說是「非義務的善行」(

---

❷ 前書，頁 175-176。

❸ 參看范光棣 (K. T. Fann) 編輯《奥斯丁研討》(*Symposium on J. L. Austin*)，頁 126。

non-obligatory well-doing)；哲學家和神學家把它叫做「餘行」(supererogation)。這些做行不但包括聖人和英雄的偉大功績，而且包括那些我們沒有眞正必須去做的小善好事。齊紹姆說，如果我們可以設想有這些「非義務的善行」的情況的話，則他認爲也一樣可以設想我們也有「可允許的惡行」(permissive ill-doing) 的情況。這些情況並不等於「非義務的善行」的不作爲。這些情況包括微不足道的失禮，包括我們的地位可以有的一些可寬恕的小過失。一般說來，所有這些行爲我們都可以這樣說來辯解:「畢竟，這是我權利之內的事。」齊紹姆說，對這類行爲的辯護，我們接受責任而且承認這行爲是壞的。

我們爲什麼要研究辯解呢? 想到辯解的行爲在人間活動中是如此巨大和重要，就可思之過半了。尤其是對道德哲學，辯解的研究會以特別方式有所貢獻。積極上，它會促進一種謹愼當今行爲方式的發展，而消極上，它會改正舊而較輕率的理論。然而，我們爲什麼不直接研究行動本身的觀念，而要從研究區分對我們所做的事情所做的辯解方式做起呢?

首先是奧斯丁發現辯解這個論題剛好適合他的口味。譬如，我們要如何正確的區別「非故意地」(inadvertently) 和「不知情地」(unwittinly),「意外」(accident) 和「錯誤」(mistake),「疏忽地」(negligently) 和「粗心大意地」(recklessly),「漫不經心地」(carelessly), 或「無心地」(unintentionally)? 或者，在另一面區分「有意地」(intentionally) 和「特意地」(on purpose) 和「蓄意地」(deliberately)❹? 對奧斯丁來說，這些

❹ 在這裏這些英文的中文翻譯只是供參考的。嚴格說，這裏的討論要就英文來說。

東西是很有哲學趣味的。但是他也認爲，「日常」行動，譬如日常說話或觀看，可能會使我們面臨「容易和明顯的遮掩面紗，這面紗會掩藏自然和成功行爲的機制❺」。在十分熟悉和平常沒問題的東西中，我們容易錯過實際進行的東西的複雜性。當我們要提出辯解時，有什麼東西是「弄錯了」。在注意到廣大複雜的東西可以弄錯中，我們也許更能認識到要知道事務通常如何在對中進行並不是一件簡單的事。如果車子走得很順，我們不大會想到它怎樣；如果想到怎樣，則我們會想到汽車蓋下面到底怎樣。當車子有問題了，我們需要檢查機械。同樣，當我們的行動有什麼不對時，我們常做辯解。當我們要辯解時，我們會反過來檢察我們的行動到底是怎樣了。正如奥斯丁說：「首先，檢察辯解是檢察有某種異常或失敗的情況；而如同常有的。」異常會提供有關正常的訊息，會幫助我們透視掩蓋自然和成功行爲的容易和明顯的遮掩面紗。

奥斯丁提出的另一點提示是，對辯解做思考有助了解「自由的問題」(the problem of Freedom)。如果哲學家問:「我們(曾)自由地行動嗎?」奥斯丁認爲，哲學家在提出這樣的問題時，常主張我們應該去找行動中的某種成分或行動的某種特徵，在有這種成分或特徵時，我們才有理由說一個這樣行動的人「自由地」行動。也就是說，「自由地」是當做一個「積極的」名詞，是當做把某種特徵歸給某一行動來處理。奥斯丁謹愼的提示說，這是把思辯的方位弄錯了。他說，如果我們同意X做了A，則我們不需要去找一些特別的、額外的理由說他「自由地」行動；我們有資

❺ 范光棣編：《奥斯丁研討》，頁 180。

格對哲學家說，是的，他「自由地」行動，除非有某種特別的理由不這樣說，譬如他是受威脅下做這，他是因錯誤而做這，他是粗心大意地做這等等，諸如此類的。譬如，爲確定一枝香煙是一枝「眞實的」香煙，除了確定它是一枝香煙以外，我們不必「積極地」確定它是一枝香煙。奧斯丁提示說，哲學家的「自由」也許就是這樣的自由；如果我們同意人做某些事，則如果沒有理由以任何方式去限制說他們做這些事，則他們是「自由地」行動❻。

奧斯丁說，除了有助於理解倫理學以外，辯解的研究在方法學上也是一個吸引人的題目，至少如果我們從「日常語言」來進行這種研究的話。首先，字詞是我們的工具。至少，我們應該使用清淨的工具。因此，我們應該知道我們意指什麼和不意指什麼，並且必須對語言會給我們佈作的陷阱預做防備。其次，字詞不是事實或事物；因此，我們需要把它從世界分開出來，並且因此認識它們的不適當性和任意性，同時能够在沒有護目鏡中看到世界。再說，我們共同儲藏的字詞，包含了世世代代以來人們發現到的值得劃分的區別和值得標示的連結。這些發現由於禁得起適者生存的長期檢驗，因此比任何你我在午後的安椅上遐想出的東西更豐富、更健全，而且在所有日常和合理的實務上更精緻。坐在午後的安椅上遐想，是傳統上最被哲學家喜歡的方法。

奧斯丁說，由於「日常語言」(ordinary language)、「語言哲學」(linguistic philosophy)、「分析哲學」(analytic philosophy) 或「語言分析」(the analysis of language) 等等這些名詞口號的盛行，爲了避免誤解，有一點需要強調的。當我們檢

---

❻ 范光棣編：《奧斯丁研討》，頁 179-180。

查我們應該說什麼，我們應該使用什麼字詞時，我們不但察看字詞（或意義），而且也察看我們使用字詞來講到的實是(reality)，因此我們是使用一種經磨銳覺察的字詞來磨銳我們對現象的知覺。因此，奥斯丁認為在以這種方式做哲學時，最好使用較上面少令人誤解的名稱，例如「語言現象學」(linguistic phenomenology)。

但是，奥斯丁提醒我們，如果有所謂最後一句話——定論（the last word）的話，日常語言並不是最後一句話。各種迷信、錯誤和幻覺也會編入日常語言，而這些也時常通過生存的檢驗。日常語言只是最初一句話——初論（the first word）。

現在設想我們要開始研究辯解，那麼起先有什麼方法和資源可以使用呢？我們的目標是去想像我們做辯解的種種情況，並且檢查做辯解中使用的詞語。奥斯丁認為至少有三種有系統的資助可用。

首先我們可以使用字典。一本簡易的就可以，但我們的使用必須要徹底。有兩種方法，雖然有點冗長，但值回票價。一種方法是從頭到尾讀一遍，把所有看來相關的字詞都列舉出來；另一種方法是從一種稍寬選擇顯然相關的字詞開始，並且在每一條款都查字典。我們會發現，在每一條款的不同意義的解說下，有許多其他的字詞會出現，這些字詞雖然不一定是同意詞，但卻相關密切。然後，我們對這些出現的字詞一一查字典，從這些字詞的「定義」中，我們會收進更多這相關的字詞。當我們再繼續一點時，通常我們會發現字族圈圍開始接近，直到最後完成，而只是重複。這個方法有把字詞歸組成方便的字詞羣的好處，但這有許多要靠我們起先選擇的綜合力。

在這樣檢查字典時，有趣的一點是，我們會發現，和辯解有關的字詞有很高的比例是副詞（adverbs）。這類字詞沒有像名詞、形容詞和動詞那樣向來在哲學上引人注目，這是因爲，許多辯解的要旨是我做了它但卻是在某種方式上做它，而不是只平白做它。也就是，我們使用的動詞需要修飾。

我們第二種的資料書是法律。法律資料會提供我們各色各樣難對付的案件，經接受的有用的抗辯表列，和這兩類的敏銳的分析。

第三種的資料書是心理學。這還包含文化人類學和動物行爲學的。行爲的某些樣態，行動的某些方式，做行動的某些解說，在這些資料書中被注意到和被分類，但它們向來卻沒有被一般的人注意到或給予名稱，也沒有被日常語言神聖化。

有了這些資料和想像之助，如果我們沒有獲得許多語詞的意義和了解和分類許多「行動」，我們的研究很難進行。因此，我們還需進一步做解釋性的定義，以便對各種觀念有更進一步的淸楚。

二、奥斯丁的行動哲學

在本節裏，我們要更一般的來討論奥斯丁的行動哲學❼。首先，我們要知道的，奥斯丁並沒有提出或堅持一種以有系統和廣含的觀點來講的人類行動「性質」(nature)的一般行動（action）理論。誠然，奥斯丁一向認爲，一般性理論的構作，或對這種活動的無限制的熱忱，要對許多蒙昧和混淆負責。

奥斯丁認爲，在追求提供基本哲學問題的解決的完全合法的

---

❼ 本節的討論主要參考福格森（L. W. Forguson）的〈奥斯丁的行動哲學〉（Austin's Philosophy of Action），前書，頁 127-147。

目的中，哲學家在這個事業中通常都太早訴求通理和定義，因而這些通理和定義出現的理論都十分過簡，完全不能以任何適當的方式說明需要解說的事實。當然，奥斯丁並不是說一般性眞理的追求在原則上都有誤導。但是他的確堅持，一個通理如果希望要爲眞，那必須建立在堅固和小心準備的根基上。對要解說的事實耐心的查證、對攸關得失是什麼論題的確切分界，必須比任何適當的通理先做。

奥斯丁認爲，向來一般對人類行動所說的都遭受這種過簡。我們需要的是一種全然新的開始，一種新的、當今的行爲講法。這種講法要根據對所有可用的資具做全盤的檢討，並且做謹愼的分類和定義。我們需要這些階段。那就是，我們必須發掘事實；我們必須從事實慢慢地和謹愼地進行，在玄思充沛的時刻，始終不要失控於過早的分類和輕率推廣；要眞地做嚴格的構作。奥斯丁不曾認爲他曾越過太多起始階段的研究。

奥斯丁認爲，傳統的行動觀念的討論是不令人滿意的。讓我們看看，奥斯丁發現這些討論最令人質疑的是什麼。

在奥斯丁那時候，哲學家一直還未對行動概念本身做過直接的關心，一般都是在從事其他論題，譬如倫理學的問題時順便講到的。奥斯丁認爲，哲學家常常從他們自己使用的某些詞語提出沒有根據的結論，譬如「做一個行動」(doing an action) 就是一個這樣的詞語。他說：

> 做一個行動，如同在哲學中使用的，是一個極其抽象的詞語——如同「東西」(thing) 是用來當任何（或幾乎任何）名實詞（noun-substantive）的一個替身，和「性質」

(quality)是用來當形容詞的一個替身，它是和人稱主詞一起用來當任何（或幾乎任何）動詞的位置的一個替身❽。

奧斯丁在這裏並不是責難哲學家**使用**這些詞語，因爲無疑地他們有完全合法的使用，不但在哲學的文章而且在日常講話中。如果這些方便的「替身」詞語不存在的話，我們的日常講話會冗長而令人煩厭。但是，奧斯丁告訴我們，這些詞語**只是**方便的詞語，除了當「替身」的功能以外，沒有什麼特別的意涵。我們不應例如被在講話中諸如「東西」和「性質」這些詞語的普遍使用所誤導，而把它們當做「實是」(reality) 的非常基本特質的「名稱」。然而，哲學家還是常問諸如「什麼是東西？」和「除了其性質的總和之外一個東西還有什麼東西嗎？」這類問題。而且，也常有以過簡的存況論的形式來回答，並把「實是」分成彼此不相容的類屬❾。

正如同哲學家常常易於在形上學中把諸如「東西」和「性質」這些詞語的意涵放得太重，奧斯丁認爲哲學家也易於把「做一個行動」——這當做某些動詞的替身是有用的——看做是「一個不解自明的根基層面的描述，靠簡單的檢查，這個描述就會適當地把列入它的每樣東西的基本特質公開出來」。也就是說，把「做一個行動」當做一個始原 (primitive) 詞語，不能進一步分析，它顯現行爲的**性質** (nature)，在某一方式下，所有其他的行爲的描述都可以化成它。這就導致人類行爲的一種過簡的觀點，在這觀點中

❽ 奧斯丁：《哲學論文集》，頁 178。
❾ 前書，頁 178。

> 我們容易把我們經過任何時間的行爲，和整個生命想成是由做現在行動A，次一行動B，再次一行動C，等等組成，正如同在別的地方我們把世界想成是由這個，那個含有性質的本質或物質組成⑩。

這樣，我們就易於認爲：

> 「當做行動(意指什麼？)，所有的『行動』都是一樣的，調解爭吵和劃火柴是一樣的，打一個勝戰和打噴嚏是一樣的⑪。」

但是，它們是一樣的嗎？不一定吧。一旦這個過簡的觀點弄明顯了，其困難就會顯現出來。首先，動詞是什麼是不精確清楚的，而在什麼場合它們的使用可用「做一個行動」去代替？在「我掉下樓梯來」這句話中，我們使用動詞和人稱主題，但顯然這裏的動詞「掉下樓梯來」不能拿「做一個行動」去代替，因爲「掉下樓梯來」這個「行動」不是「我」去「做」的。反之，「我上樓梯去」的「上樓梯去」這個「行動」則是「我」去做的「行動」。

有許多界際的情況更難決定。在這種情況中，要決定在一個特定場合使用的動詞是否是一個「行動的動詞」(verb of action)，不是一件簡單的事。例如，相信什麼是做一個行動嗎？打噴嚏是一個行動嗎？決定做什麼是一個行動嗎？諸如這些情況的存在告訴我們，爲從文法上相似的動詞中選出行動的動詞，我們需要引進其他的考慮，僅僅問和人稱主詞一起出現的動詞是不够的。

---

⑩ 前書，頁 179。
⑪ 前書，頁 179。

現在讓我們看看在「當今的行爲講法」中，奥斯丁揭開事實的正當方法是怎樣。根據奥斯丁，事實的主要來源是我們說的是什麼：什麼可以叫做「行爲的語言」(the language of conduct)，我們要從研究講到人類行爲的許多字詞開始。我們畢竟是活動的動物，我們自己和其他人的行動，對我們是連續的，而且對我們是常常急迫有趣的。因此，我們可以期待找到許多在日常使用中的詞語可供我們研究。再說，我們最後獲得的行爲的講法，不論怎樣，都必須考慮我們實際說的什麼。爲了批評我們說的什麼，我們必須淸楚了解我們說的什麼，以及我們爲什麼說它。

爲什麼字詞對研究行爲有意義呢？畢竟我們的興趣在我們做的(do)什麼，不是我們說的什麼。奥斯丁對這種方法程序的辯護，構成所謂他的語言的「演化觀」(evolutionary view)。他說：「在非常常期中，存活的說法形式將是最適的（最有力的）說話形式⑫。」他又說：

> 我們共同儲存的字詞包含在世世代代的生存中人們找到的值得劃分的區別，和他們找到的值得標示的連結。這些區別和連結比你和我可能在我們的午後安椅上任何想出的——最喜歡的替代方法——可能更豐富更健全，由於它們禁得起最適者存活的長期檢驗，以及至少在所有日常和合理的實務上更精緻⑬。

如果一個詞語已經活存下來，則在我們有理由不這樣相信以前，

---

⑫ 奥斯丁：《哲學論文集》，頁 281。
⑬ 前書，頁 182。

我們有充分理由相信它有用處，它標示一些眞實的區別。那麼，我們實際說的什麼，對研究我們**做的**什麼就成爲最重要的了。對任何行爲的研究，注意語言是非要不可的，因爲根據奧斯丁，語言反映其使用者累積的思想和經驗。但是，奧斯丁要我們注意的，我們的實際行爲語言的研究並不是「最後一句話」(the last word)，而寧是「最初一句話」(the first word)。

奧斯丁認爲，在研究我們說的什麼中，有兩個主要方法有助於發現有關事實的行動。首先，開始的直覺會使我們感覺到系絡、環境或情況，對決定人們要做的什麼行動十分相關。在一個系絡中挑出來當一個行動的總是一個事件。這樣，一個有成效的探求方法是檢查案件或情境，看看對於如何來描述這些是否可以達成協議。這樣，首先在表列上的，將是參與者自己或觀察者所報告或描述的實際案件。另一個來源是虛構的案件，例如，在閱讀小說中對行爲的描寫會學得很多這方面的。最後，我們可以**想像**案件，如果我們能夠徹底、廣含和詳細地想像它們；但要注意的，不要把理論的偏見注入我們對它的說明裏。這些將是我們研究的資具；奧斯丁甚至稱它爲「實驗的資具」。

依循這個方法，我們可以在「日常語言」的範圍之外，到其他領域去獲利，譬如在對行動強烈有趣的領域。在這方面，奧斯丁提示使用法律和心理學方面的語言。在這兩個領域中，我們會找到許多十分異常的案情描述，但這些描述和人類行動的研究十分有關。

第二種方法和上述第一種密切相關。這一方法需要它本身的某種特別觀點和特別方法。這個方法是詳細研究行爲語言的本身。在這裏我們需要注意這種字詞的不同文法種類和它們的使用規則。爲了看出從這些字詞的歷史會顯現它們現在的用法，可以學到什麼教訓，奧斯丁認爲注意語源學也是很重要的。這種方法的使用會提供我們分界字詞「族羣」的方法，並且因此分界行動的族羣，這有助於我們開始引進行動的分類。

雖然在行爲的語言中，動詞是構成字詞文法上最大的類，但是單單檢查動詞本身可以學到的東西不多，因此奧斯丁沒有給它太多注意。反之，他對用來修飾「行動動詞」(verb of action)的詞語卻非常有興趣。奧斯丁對修飾詞語的興趣來自他的信持說，利用研究異常的情況，我們最能够了解牽涉到「做一個行動」的正常情況中的東西。因爲常常只在有什麼東西出錯了，我們才開始注意它行對的條件。在時鐘開始失靈以前，我們並不擔心它是怎麼走的。奧斯丁說：「異常有助對正常的理解，有助我們透視掩藏正常成功行動的方法途徑的那些容易和明顯的掩蓋面紗[14]。」

當我們開始研究修飾詞語以及其就行動動詞的功能時，我們很快會看出它們易於落入「族羣」。奧斯丁對兩種這種族羣特別感興趣，這兩種彼此互補；它們對我們了解人類行爲很重要。首先一種是在對行爲做辯解中用來修飾動詞的詞語，諸如「意外地」(accidentally)、「粗心大意地」(inadvertently)、「無意地」(unintentionally)等等。另一種是在拒絕辯解或一般地指派責任中用來修飾動詞的詞語，諸如「有意地」(intentionally)、「蓄意地」(deliberately)、「特意地」(on purpose)。

我們要知道的，在實際事務上，我們的修飾詞語的使用是有一定限制的。奧斯丁說，我們易於認爲對任何行動動詞，在其任

[14] 奧斯丁：《哲學論文集》，頁 180。

何使用場合，至少有一個修飾詞語或其「反對詞」(opposite) 是不反常而可以應用的，譬如或是他有意地打狗或他無意地打狗。然而，如果我們注意在我們的行爲描述中實際說的什麼，我們會發現:

> 語言的自然經濟指令說，爲任何正常動詞所含蓋的**標準**情況，……不需要，甚或不允許修飾詞語。只有我們做以在某一**特別**方式或環境所指名的行動，與這種行動自然做的有所不同時……才需要，甚或才適有修飾詞語⑮。

我們一旦認識了修飾詞語的使用，在正常的討論中是有限制的，那麼下一個步驟是要決定這種詞語的「應用限度」。奥斯丁認爲，這種研究的結果使我們能够看到某一修飾詞語對它可以應用的行動動詞羣的特徵。例如，奥斯丁發現，初看起來似乎是「相反詞」的詞語實際上並不是，而是可應用於不同種類的行動，儘管在哲學和法律上它們常常被二分法地使用。奥斯丁舉“voluntarily”(自由意志地、自主(意)地、自願地)和“involuntarily”(不由自主地、非本意地) 當例子。他說:

> 我也許能夠自意地 (voluntarily)「打破一個杯子」，如果做這譬如是當做一個自願耗物的行爲；而且我能夠非本意地 (involuntarily) 打破另一個杯子，如果譬如我做一個不由自主地行動打破它。在這裏顯然描述爲「打破一個杯

---

⑮ 前書，頁 190。

子」的兩個行動實際上非常不同[16]。

奧斯丁指出，“voluntary”（自由意志的、自主的）的相反詞最適當的是“under constraint”（在強迫下）或“duress”（脅迫），而“involuntary”的相反詞最適當的是“deliberately”（蓄意）或“on purpose”（特意）。

一個行動（action）和行爲（behaviour）的其他層面以什麼來區分呢？奧斯丁的回答是，這區分的因素是多個，而不是一個。所謂「做一個行動」實際上是一種非常複雜的事。在一定場合，和決定什麼算做一個行爲者所做的「行動」的有關因素有很多，而且奧斯丁所謂「行動的內部機制」（internal machinery of action）也是十分複雜，而可以被分爲若干「部門」，每一部門有其適有的功能，而且每一部門有其特有的失靈方式。當然，我們必須從行爲者身體的動作開始。但是，一個行動不單純是身體的動作。那麼，除了身體的動作，在決定什麼行動中還有什麼呢？

奧斯丁認爲，我們要考慮**約定**（convention）的事。對一大類的行動來說，至少約定是某些行爲應視爲某一個行動，而不視爲另一的行動，或根本不視爲行動的決定者。試看某一個人在運動場上把一個球踢進某一部位的情形。那麼那個人在做什麼呢？依不同的約定，我們可以回答說：(a)「他踢球到那個部位」，(b)「他射球門」，或(c)「他得一分」。

這對於「做一個行動」告訴我們什麼呢？它告訴我們，許多

---

[16] 奧斯丁：《哲學論文集》，頁 191。

行動既是由身體動作構成的，也是由社會體制構成的。約定是社會現象、社會組織的模式。不但是比賽，而且諸如揮手告別、向人打招呼、買東西，以及其他許多社會活動的「日常」行動，都是社會確定的實際。在社會體制之外，許多我們當做是行動的是不能做的，也就是它們不是行動。社會體制是一種約定的體制；經由社會體制，許多動作才構成行動。揮手告訴和以一定方式動一個人的手臂，在身體上也許是相同的，但是有很大的概念上的差異；這差異只能用約定來說明。

在我們對人類行動的辨認和描述上，意圖扮演同等重要的功能。我們講過的，在其正常使用的場合，對多數行動動詞來說，就動詞使用修飾詞語是沒意思的。這樣，在正常環境中，不僅僅說他做它，而說：「他有意做它」是不適當的。然而，這並不是因爲大部分情況中我們不做我們有意做的。反之，添加「有意」通常是沒有職份的，因爲意圖和我們正常的行動密切關聯，在正常環境下使用這個修飾語是多餘的。當做其「意義」的一部分，大多數的行動動詞都包括要實現的某種意圖。

奥斯丁以下面方式描述意圖的功能：

> 在我生涯的經歷中，如同我們設想的，做一件接一件的事。我通常都有一個我要從事什麼，或一般地「我正在做什麼」的觀念……我必須設想有好像一個計畫，一個操作命令，或諸如此類的，我正在對它做。我要在行動中把它實現出來：只是當然沒有必要或通常略微必要也沒有把它當做一個眞正的計畫⑰。

⑰ 前書，頁 283。

奧斯丁認爲意圖對我們對行爲的描述和評定很重要。因爲意圖具有他所謂的「劃括效力」(bracketing effect)，這種效力能够使我們把人類行爲「建造」(structure) 到一個大範圍。我們把一個人行爲的某一段當做構成某一個單行動的，其部分的根據就是意圖。也就是說，我們對所涉意圖的觀點會影響我們選擇什麼字詞來描述「他做了什麼」。例如，我們可以拿X、Y、Z當三個分開的行動，由三個分開的名稱來描述；或者，如果我們認爲有一個單一的意圖，而且沒有特別的考慮要我們做更精細的區分，則我們可把X、Y、Z當做一個行動，由一個名稱來描述。我們可以說：「他拿起他的鉛筆，選一把鉛筆刀，用鉛筆刀削鉛筆等等」，或者簡單地說：「他削鉛筆」。

在根據意圖來描述別人的行動時，我們要小心。因爲除非我們把行爲者以他自已的心意建造他的行爲的方式考慮進去，否則這種「劃括」總是多少是隨意定奪的。他在做什麼的說明——他的意圖的供認——總是有關的，而且在一些情況中是具決定性的。例如，根據他的意圖，他也許會堅持說，我們把他的行動描述做一個整體的行動，而不是描述做整體行動的一個「部分」。當我們要評定他的行爲時，這些考慮特別重要。這樣，和約定一起，但以不同方式，意圖幫助決定我們描述行動。

不但有許多因素和在一定場合中什麼是辨認做「一個」行動有關，而且從些微不同的觀點看，實際情況的研究會弄清楚「我們通常能够以若干不同的方式，分開可以被稱爲一個行動的什麼」。奧斯丁區分了這樣的三種。我們可以把一個行動「分開」爲「局面」(phases)、「綿延」(stretches) 或「階段」(stages)。

被描述當一個行動的什麼，通常歷經相當長的期間，甚或是間斷的。一個行爲常常可以分成諸「局面」，每一局面可以無異常地被描述爲一個單獨的行動。我們可說某人寫一本書，或者說他首先寫這一句話，然後那一句話，然後再一句話，等等。

所謂行動的「綿延」是就一個行動與其一些後果、結果或影響的區分來說的；這些後果、結果或影響也可以歸給行爲者當做他的行動。如果我轉動鑰匙，而結果車子起動了，我可以說是「起動了車子」。那是我所做的，起動車子。當然了，我也轉動鑰匙，而這也是我做的。行動的意圖和後果在道德和法律上很重要。當然，不是每一結果或我做的什麼本身一定是我做的什麼。

當我們問：「什麼是一個行動？」我們也許在問，一個行動要如何辨認或描述：要稱呼它什麼。但是我們也可以是問：「在做一個行動中牽涉些什麼？」而在這裏，我們指的是奥斯丁所謂的「行動的複雜內部機制」。在討論行動的這個層面的問題時，奥斯丁易於利用軍事或企業模式來說明。正如同一個軍隊或一個公司有各部門，一個「完全」做的行動也可以有各「階段」(stages)。奥斯丁認爲，我們最好以這樣的方式來了解所有的行動容易遭受的「毛病」(break-down)。那就是，把行動的各種「毛病」或異常看做是做一個行動的不同「階段」的失靈。

我們有「情報接收」的開始階段，在事件和別人行動的爲背景的環境中行動發生。我們通常是對從這個環境得到的某些訊息做反應而行動。由於錯誤的情報，我們的行動常有毛病。

在接到某些訊息後，我們總必須對它做某種解釋，看看它到底是什麼，或者簡單說「評估情況」。我們如同我們做那樣行動，因爲我們以一定方式解說我們的訊息。但是在這裏，事情會有錯。奧斯丁說：「我們能夠知道事實，然而卻錯誤地或不正當地看它，或者沒有充分認識或評估一些事情，甚或全然誤解⑱。」通常當我行動時，我會根據某些我認爲可應用於情境的原理去做。這些原理也許是對錯行爲的標準，或者更多是平常普通的原理。但是，僅僅具有一定訊息和具有對它的評價不能直接導致行動，甚或行動的決定。要做行動還必須有奧斯丁所謂的「原理的召喚」(invocation of principle)。

和原理的召喚密切關聯的是「仔細考慮」(deliberate)。在我行動以前，我不需常常仔細考慮，但是當我衡量情況的正反利弊時，行動機制中的這個仔細考慮的階段就開始扮演。

進展到公司的頂樓時，就有要去做或不去做的決定的階段。當然，這決定會受其他階段的結果的影響。決定的好壞將會反映這機制底層的運作。

在決定以後，我們會知道有多種方式可以完成事情。這樣，通常就會去考慮「手段和方法」，這是計畫如何和何時去行動。

最後，我們進行行動。實際做事，這是機制的最「外部」階段，奧斯丁稱之爲「實行階段」(excutive stage)。稱呼行動的大部分動詞都在這個階段使用；當然，許多可能的「毛病」也在這裏出現。在這實行階段，我們必須對必要的身體動作做充分的操作，我們必須採取充分的注意，避免可能的侵犯和危險，認識我們的行動是面對環境的背景做的，包括其他行爲者的行爲，使得我們成功地完成實行。

---

⑱ 奧斯丁：《哲學論文集》，頁 194。

第十二章　奥斯丁論如果和能夠

一、如果句與條件句

在本章裏讓我們稱具有「如果……（則）（就）」〔if...(then)〕這種形式或其變式的語句爲「如果句」(if-sentences)。試看下面的如果句：

(1) 如果藍隊打敗紅隊，則白隊得第一。

(2) 如果羅素（B. Russell）生在中國，則他會講中國話。(If B. Russell had been born in China, he could have spoken Chinese.)

(3) 如果一數爲偶數，則它可被二整除。

(4) 如果這塊鐵在時間 t 放在水中，則這塊鐵會溶解。

(5) 在餐櫥裏有餅乾，如果你想吃（它）。

現在我們要問的是，在上面五個語句中「如果……（則）」這個語句連詞的**意義**或**功能**是否都相同呢？答案是，不一定。設「p」、「q」分別代表語句。那麼，在「如果 p 則 q」這個如果句中，我們分別把「p」和「q」稱爲這個如果句的前件（antecedent）和後件（consequent）。從基本邏輯課本得知，我們把如果句「如果 p 則 q」叫做**實質條件句**（material conditional），或簡稱爲條件句，當而且只當 p 眞 q 假時這個如果句爲假。我們可以用下面的眞値表來表示或「定義」一個條件句「如果 p 則

q」的眞值 (truth) 或眞假情形 (分別用「T」和「F」表示眞和假):

p	q	如果 p 則 q
T	T	T
T	F	F
F	T	T
F	F	T

我們稱「如果非 q 則非 p 」爲如果句「如果 p 則 q 」的質位同換 (句) (contrapositive)。我們稱一個語句爲眞函的 (truth-functional),如果它的眞值由其成分語句唯一決定。一個條件句至少有兩個特徵: 一個是,它是眞函的; 另一個是,它涵蘊它的質位同換句。上面的如果句 (1) 就是一個條件句。我們知道,它是眞函的,而且,「如果藍隊打敗紅隊,則白隊得第一」涵蘊「如果白隊沒得第一,則藍隊沒打敗紅隊」。

上面的如果句(2)「如果羅素生在中國,則他會講中國話」,是一個**反事實條件句** (contrafactual conditional),因爲在講這一句話時,是無條件地已認定前件爲假。這種語句不能是眞函的,因爲在日常使用上,我們要求有些前件爲假和後件爲假的反事實條件句爲眞,和有些前件爲假和後件爲假的反事實條件句爲假;因此,一個反事實條件句的眞值不是由其成分語句的眞值唯一決定[11]。這樣,諸如如果句 (2) 的反事實條件句不是實質條件

[11] 這些說明請參看蒯英 (W. V. Quine):《邏輯方法》(*Methods of Logic*),頁 23。

句。

上面的如果句（3）「如果一數爲偶數，則它可被二整除」不是實質條件句，因爲它並不眞正是「一數爲偶數」和「它可被二整除」這兩個語句的複合句。「它可被二整除」並不是有眞假可言的語句。(3) 寧可被視爲是斷定一束個別的條件句：如果 a 是偶數，則 a 可被二整除；如果 b 是偶數，則 b 可被二整除；如果 c 是偶數，則 c 可被二整除；等等。簡單說，(3) 是：

不論 x 是什麼，如果 x 是偶數，則 x 可被二整除。因此，(3)可以說是一個**通化的條件句**（generalized conditional)。它也可寫成「凡偶數可被二整除」或「所有偶數可被二整除」等等。通化的條件句不是眞函的，因爲它含有沒有眞假可言的成分語句。

上面的如果句（4）「如果這塊鐵在時間 t 放在水中，則這塊鐵會溶解」不是實質條件句，因爲即使它的前件爲假時，它也被視爲假。這是講因果律的語句❷。

上面的如果句（5）「在餐櫥裏有餅乾，如果你想吃（它）」也不是實質條件句，因爲它並不涵蘊它的質位同換句，也就是從「在餐櫥裏有餅乾，如果你想吃（它）」推不出「如果在餐櫥裏沒有餅乾，則你不想吃（它）」。一個小孩，甚或大人，也可能（誤）想吃餐櫥裏的餅乾，即令餐櫥裏沒有餅乾。還有，在講(5) 時，我們似乎也斷定了後件，即「在餐櫥裏有餅乾」。通常，在斷說一個實質條件句時，我們只斷說了前後件之間的**眞假條件**，並沒有斷說後件。

---

❷ 參看孟德森（E. Mendelson）：《數理邏輯導論》(*Introduction to Mathematical Logic*)，頁 11。

二、奥斯丁論如果和能夠

奥斯丁在他的〈如果和能够〉(Ifs and Cans) 一文中❸，討論了「如果」和「能够」(can, could, could have) 這兩詞的意義及有關的一些問題。他說:

> 不需強調的，**如果**和**能够**是十分普遍和變化多端的字眼，在文法上和哲學上都十分令人困惑複雜。在這些研究中，去發現有關**如果**和**能够**的事實，以及去消除它們造成的混淆，不僅是值得的，而且是很重要的❹。

奥斯丁這篇文章涉及的問題很多，也引起許多討論和爭議。在本節裏，我們討論其中的幾個要點:

要點一：條件句與擬條件句的區分

奥斯丁把如果句區分爲條件句與擬條件句 (pseudo-conditional)❺。奥斯丁對什麼是條件句 (conditional) 並沒有做很嚴格的定義。但是他說：「如果 p，則 q」是條件句，如果

---

❸ 奥斯丁:《哲學論文集》，頁 205-232。
❹ 前書。頁 231。
❺ 奥斯丁把我們這裏所謂的條件句叫做因果條件句 (causal conditional)。從現在的觀點看，這裏使用「因果」一詞會令人誤解，因此我們把它略去。又爲了討論方便，我們參照皮爾士 (D. F. Pears) 的用法，把不是條件句的如果句叫做擬條件句。在奥斯丁的討論中沒有使用「擬條件句」一詞。參看皮爾士:〈如果與能够〉(Ifs and Cans)，此文收在范光棣 (K. T. Fann) 編的《奥斯丁研討》，頁 90-140。

> 「如果p，則q」則我們將說q從p跟隨而來，典型地說或是這樣的意義，即p**涵包**(entail) q，或是這樣的意義，即p是q的**原因**(cause)❻。

雖然我們不知道奧斯丁這裏所謂條件句是否就是我們在前節定義的實質條件句，但在奧斯丁的討論裏把它看成是也不妨。

奧斯丁提出條件句的兩個檢驗方法：一個是，一個如果句是一個條件句恰好如果它涵包它的質位同換句，否則它是一個擬條件句。例如，依這個檢驗，「如果天下雨，則路濕」是一個條件句，因爲如果它眞時它的質位同換「如果路不濕，則天沒下雨」也一定眞。反之，依這個質位同換的檢驗，如果句「我能够明天付款給你，如果我想要(choose)」則是一個擬條件句，因爲我們不能從它推出它的質位同換「如果我不能够明天付款給你，則我不想要(付款給你)」，因爲可能因我沒錢而不是因我不想要而不能明天付款給你。這是一種好的劃分方式，因爲而且只當我們提出前件的眞當做後件的眞的一個充分條件時，我們才自然把一個如果句稱爲條件句，而這正是一個如果句通過質位同換檢驗成爲條件句的要點。因「如果」的條件使用是它最中心最常見的使用，我們把這個使用的如果句叫做條件句，而把別的叫做**擬條件句**。

在做這種淸楚的區分以後，奧斯丁又提出條件句的第二種檢驗。根據這第二種檢驗，一個如果句是一個條件句恰好如果它不涵包它分離的後件。如果句「我能够明天付款給你，如果我想

---

❻ 奧斯丁：《哲學論文集》，頁 209。

要」也通不過這種條件句的檢驗，因此它是一個擬條件句。它之通不過是因為它涵包它（分離）的後件「我能够明天付款給你」，因為當我說：「我能够明天付款給你，如果我想要」時，就等於說了「我能够明天付款給你」。這個檢驗可以叫做非分離檢驗(non-detachment)。這是說，如果一個如果句是條件句的話，當我們斷說這一句話時，並沒有斷說它的後件，我們所斷說的是前件和後件的條件關係。

要點二：要討論的兩大問題

在〈如果和能够〉一開始，奥斯丁說他想討論下面兩大問題：

(1) 當我們說我們能够做（can do, could do, could have done）某些事時[7]，是否有一個被抑制的**如果**（if）在遠處，當我們要以全文（不省略地）展示我們的語句，或是當我們要給它的意義一個解說時？

(2) 如果而且當有一個**如果**子句增補給含有**能够**（can, could, 或 could have）的主句時，**如果**是什麼樣的東西呢？這**如果**的意義是什麼，或者結合這**如果**子句與主句的作用或要點是什麼？

奥斯丁說，對上面第一個問題有兩種觀點。一個觀點是，在我們有以**能够**（can或者 could have）當我們的主動詞的地方，為了要完成語句的意義，我們總必須要了解或補充一個**如果**子

[7] 在中文裏我們很難把英文的 "can do" "could do" 和"could have done" 很精緻的做有區分的翻譯。但在本章的討論裏，需要考慮到這種精緻的區分，因此在後面我們將時時附英文。

句，如果它沒有實際出現的話。這一觀點是說，爲**完成**一個**能够**語句我們需要一個**如果**。另一觀點是，「能够」(can 或 could have) 的意義拿**某些其他的動詞**譬如「將」(shall) 或「應該」(should have)——連同一個如果子句添補給它，會更清楚地再造出來。這一觀點是說，在**能够**語句的**分析** (analysis) 中我們需要一個**如果**。例如，如果我說「我能够」(I can) 的意思和「我能够如果我試圖」(I can if I try) 的是相同的話，則我肯定的是第一個觀點。而如果我說「我能够」的意思和「我會成功如果我試圖」(I will succeed if I try) 的是相同的話，則我肯定的是第二個觀點。

要點三：對穆爾的批評

奧斯丁認爲，英國劍橋哲學家穆爾 (G. E. Moore, 1873-1958) 在他的《倫理學》(*Ethics*) 一書討論到**對** (right) 和**錯** (wrong) 有關的問題時，曾提出下面三個看法：

(1) "Could have"〔(當時) 能够〕的意思單單就是 "could have if I had chosen"〔(當時) 能够如果我 (曾) 想要〕。

(2) 對 "could have if I had chosen" 我們可以拿 "should have if I had chosen."〔(當時) 會如果我 (曾) 想要〕去代替之。

(3) 在這些詞語中，**如果**子句敍說一些 (因果) 條件，根據這些條件會得到我當時能够 (could) 或會 (would) 做和我實際做了的不同的事情。

對這三個看法，奧斯丁提出三個問題：

(1) "Could have if I had chosen" 和 "should have if I had chosen" 的意思，一般說來是或經常是相同的嗎?

(2) 在這兩個詞語裏，如果是（因果）條件的如果嗎?

(3) 在具有以能够（can 或 could）當主動詞的語句裏，我們都需要或都有資格去增添一個如果子句嗎? 尤其是子句「如果我（曾）想要」(if I had chosen)?

對這三個問題，奧斯丁的回答都是否定的。對第一個問題他說，任何一個人都會承認，一般說來 "could" 和 "should" 或 "would" 是很不一樣，因為 "I should have run a mile in 20 minutes this morning if I had chosen."〔今早（當時）我會在20 分鐘裏跑 1 哩如果我想要〕和 "I could have run a mile in 20 minutes this morning if I had chosen."〔今早（當時）我能够在20分鐘裏跑 1 哩如果我想要〕，是不同的；前者在斷說我實際的力量（strength），後者則講到一些有關我的機會（opportunities）或我的潛在的能力（abilities, power）。

對第二個問題，奧斯丁認為 "I can if I chose"（我能够如果我想要）或 "I could have if I had chosen"〔（當時）我能够如果我想要〕不是一個條件句，因為它並不涵包它的質位同換；也就是說，從它我們不應做出這樣古怪的推論"If I cannot, I do not choose to"（如果我不能够，我沒有想要）或 "If I could not have, I had not choose to"〔如果（當時）我不能够，我沒有想要〕。反之，"I can if I choose" 或者 "I could have if I had chosen" 並涵包它分離的後件，也就是從前者我們應可推得 "I can, whether I choose to or not"（我能够，不論我想要或沒想要），也就是可推得 "I can"（我能够）；同樣，從後者我們可推得 "I could have, whether I chose to or not"〔我（當時）能夠，不論我想要或沒想要〕，也就是可推得 "I could have"〔我（當時）能夠〕。這樣，不論這個**如果**是什麼意思，它顯然不是條件句的**如果**。

這在比較之下也許更清楚。在別的地方我們也常可發現和「能夠」(can) 連在一起的條件句的**如果**。例如，奧斯丁舉例說，語句「我能夠（can）擠過，如果我夠瘦」是一個條件句，因爲它涵包它的質位同換「如果我不能夠擠過，我就不夠瘦」，但並不涵包「我能夠擠過」。而「我能夠如果我想要」則剛好跟這不同。

奧斯丁也告訴我們說，諸如「我能夠如果我想要」(I can if I choose) 和「我將如果我想要」(I shall if I choose) 的擬條件句，可以用來表示或斷說猶豫、懷疑或規定。例如，如果我們強調 "I shall marry him if I choose."（我將和他結婚如果我想要）中的 "shall"（將），則這個語句的**如果**在限制和形容所從事事項或所宣佈意圖的**內容**，而不在限制和形容從事事項的提出。例如在這裏，「如果我想要」要限制和形容的是將和「他」結婚，將和他「結婚」，或「要」和他結婚，而不是要限制「我將和他結婚」這回事的履行。

對上述第三個問題，卽在具有以**能够**（can 或 could）當主動詞的語句裏，我們都需要或都有資格去增添一個**如果**子句嗎？我們說過奧斯丁的答案是否定的。首先他要我們區分兩個觀點。一個是，爲完成一個**能够**語句，我們需要一個**如果**子句；另一個是，在分析一個**能够**語句中，我們需要一個如果子句。奧斯丁不贊同第一個觀點。

他說，我們很自然會把 “could have” 解釋做是一個過去式假設語氣的或是「有條件的」。這樣，實際上就等於說我們需要一個條件子句和它在一起。他說，當然“could have” 可以是，而且時常是一個過去式條件句，但是也一樣眞的是，“could have” 可以是，而且時常是動詞能够 (can) 的過去式直述 (indicative) 語句。有時候，“I could have” 相當於拉丁文的 “Potui”，意思是 “I was in a position to”〔(我是在……的地位〕。有時候，它相當於拉丁文的 “Potuissem”，意思是 “I should have been in a position.” (當時) 我應在……的地位)。“Could” 也一樣具有這種雙功能。有時候，它具有條件式的意義 “should be able to”〔(當時) 應能够〕；有時候，它卻具有過去式直述的意義“was able to” (能够)。一旦，我們知道 “could have” 可以是一個過去式直接語句，一定需要給它增添如果子句的企圖就消失了。

要點四：對諾爾史密斯的批評：

奧斯丁在牛津大學的同事諾爾史密斯(P. H. Nowell-Smith) 在他的《倫理學》(*Ethics*) 中討論 “could have” (能够) 可以用 “would have if” (會如果) 來表示的問題。他認爲語句：

(1) Smith could have read *Emma* last night. (史密斯昨晚能够讀了《愛瑪》)

可以表示爲：

(2) Smith would have read *Emma* last night, if there had been a copy, if he had not been struck blind, etc., and if he had wanted to read it more than he

wanted to read anything else.（史密斯昨晚會讀了《愛瑪》，如果有一本《愛瑪》，如果他沒有傷睛，等等，並且如果他想讀它勝於想讀其他的）

奧斯丁反對這種看法。他最有力的理由是，要建立(2)我們需要證據，這證據不但包括史密斯的能力和機會，而且包括他的性格、動機，諸如此類的項目；但要建立（1）則我們不需這些證據。

我們仍有其他可能方式以"will if"或"would if"來表示'can'，以及以"would have if"來表示"could if"，奧斯丁承認有一種可能（plausibility）是提示說 "I can do X"（我能够做X）的意思是"I shall succeed in doing X, if I try"（我將成功做X，如果我試圖），而"I would have done X"〔我（當時）會做X〕的意思是"I should have succeeded in doing X if I had tried"〔我（當時）應會成功做X，如果我試圖〕。但他說，這只是可能，「但是不再有」，因而他反對這提示。

下面有一些理由來反對說 "He can"（他能够）的意思和"He will if he tries"（他將如果他試圖)相同。這些理由都顯示這樣的可能情形，卽"He can"眞，但"He will if he tries."假。這些理由是:

（1）一個能够做X的人也許會去試圖做X，而因意想不到的分心或干擾，在他完成這事以前放棄它。例如，有人叫他去吃飯，他放棄它。

（2）他也許不認眞地去試圖，意卽他也許沒盡力去做，因而沒完成工作。

（3）我能够閉上我的眼睛，但對我來說，我現在試圖去閉上我的眼睛是沒意思的。

(4) 奥斯丁提示說，“He can” 和失敗相容，但 “He will if he tries.”則不相容。他說，在他未打中一個非常短的輕擊中:「我也許試圖而未打中，然而不相信當時我不能够打中；誠然，進一步的經驗也許會確證我的信念說，當時我能够打中雖然我沒有打中。」

(5) 可能有只有一個人沒有試圖去做的事，他能够做。打高爾夫球的人把球打到某一地點 p；因此把球打到 p 是當時他能够做的。但是，如果當時他試圖把球打到地點 p，則盡所有可能，他會失敗。

要點五: 能够（can）的三個主要意思

奥斯丁說，「能够」具有三個主要意思（senses），即「概括所有的」(all-in) 意思和較有限制的「機會」和「能力」的意思。所謂概括所有的意思是指包括機會和能力，甚至還有其他一切可能的意思。例如，在「他能够到美國念書」中，「能够」可以了解爲「概括所有的」意思，譬如指他有機會有能力到美國念書。又如，當我們想說某人有機會但沒能力去做某些事時，我們說:「當時他能够高殺球，如果他善於殺球」。在這裏如果子句講的不是機會而是能力，這如果子句也可以被抑制不講。這句話的主句斷說的是他的確有一定的機會。又如，語句「他昨晚能够讀了《紅樓夢》，如果他有這本書」斷說的是他有一定的能力，雖然他沒有機會去發揮。上面的情形會更顯現出來如果我們說:「當時他能够高殺球，只是他不善於殺球」或「他昨晚能够讀了《紅樓夢》但他沒有這本書」。

三、一些討論

奧斯丁在〈如果和能够〉一文中觸及的問題很多，在本節裏，我想提出下面三點來討論：

（一）在前節的討論中我們知道奧斯丁反對說“could have if I had chosen”（能够如果我想要）和“should have if I had chosen”（會如果我想要）具有相同的意義（mean the same）。顯然，至少對日常語言來說，要找到邏輯上嚴格意義的兩個同義語（synonymy）幾乎是不可能的。因此，要找出反例來顯示兩個被聲稱爲同義語的詞組實際上不是，不是很難的事。現在有兩個問題：一個是，既然要找同義語幾乎是不可能的事，爲什麼哲學家還要那麼認眞去爲某些詞語去找同義語呢？譬如，穆爾要爲“could have if I had chosen”去找“should have if I had chosen”這個同義語呢？哲學家之這樣做似乎有兩個目的，即理論上的和實務上的。就理論上的目的來說，用一個詞語的同義語，假如有的話，去處理問題會更方便、更容易解決一些問題。就實務上的目的來說，用一個詞語的同義語來說明問題，會更容易讓人了解。因此，哲學家常想去找幾乎的同義語。這種努力的成就不是絕對的，而是程度的。另一個問題是，既然同義語幾乎是不可能的，那麼努力去找反例來顯示被聲稱爲同義語的詞組爲不是，不是一件很平淡無用的事嗎？不然。這種反例的工作至少有幾點用處。首先，可以幫助同義語的提出者做修正的工作，並且顯示其成功的程度如何。其次，反例的提出也可以同時增加我們對被討論的同義語的了解。

我們知道奧斯丁說：「能够」（can，could have）具有概括所有的、機會和能力這三個意思 (sense)。首先我們要知道的，奥斯丁在這裏所謂「能够」一詞的三個意思不是就同義語來講的。兩個詞語如果是同義語的話，則在使用上它們在所有出現的場合都可以彼此代換的。「能够」的這三個意思顯然不是這樣的可代換的。「能够」的這個意思是能够的三個歧義 (ambiguous meanings)。也就是,「能够」有這三個可能的意思，至於它在具體的使用場合 (occasion) 或系絡 (context) 要用那一個意思，要由各該場合或系絡來決定。因此，從某一意味來說，一個詞語的歧義也可以說是這一詞語的場合意義 (occasional meaning) 或系絡意義 (contextual meaning)。這樣，依奥斯丁,「能够」一詞就具有三個場合意義或系絡意義。我們要知道的，一個詞語的諸場合意義並不一定互相排斥。也就是說，在一個具體的場合，我們可以同時使用一個詞語的兩個或兩個以上的場合意義。

（二）穆爾爲什麼要把 "could have if I had chosen" 分析爲和 "should (would) have if I had chosen" 具有相同的意義呢? 論者似乎未曾指出理由。在實用上這樣的分析似乎對我們的了解幫助不大。但我認爲在理論上，如果這樣的分析是適當的話，可以給我們很大的方便。奥斯丁說:「諾爾史密斯開始他的討論說，"could have" (能够) 是一個然態詞 (modal phrase)，而然態詞通常不用來做定言敍說 (categorical statement)。「我自己一點也不知道『然態詞』確切是什麼，因此我不能够討論這個斷說[8]。」喜歡使用可能世界 (possible world) 的概念來討論問題的哲學家，將會喜歡使用可能世界的概念來解說種種然態詞的意義。

---

[8] 奥斯丁:《哲學論文集》，頁 220。

我們知道，“could have”（能夠）一詞含有「能力」(ability）這個重要的意思。所謂能力是一種**潛在**的東西（something dispositional），我們無法或很難用使用可能世界的概念來解說潛在性的概念。但是，“should (would) have”（會）一詞就不含有「能力」的意思。試看下面這句話：

Smith *could have* read *Emma* last night.（史密斯昨晚能够閱讀《愛瑪》）

爲了簡化問題，就讓我們假定這是一個反事實的敍述。也就是說，史密斯昨晚實際上沒有閱讀《愛瑪》。那麼，這句話的意思是說，史密斯昨晚**實際上**沒有閱讀《愛瑪》，但他昨晚有機會（opportunity）和有**能力**（ability）閱讀它。用可能世界這句話是說，史密斯昨晚**在這實際世界**並沒有閱讀《愛瑪》，但史密斯昨晚在**某一個可能世界裏有能力**閱讀它。在這裏，我們使用「在這實際世界」來表示「實際上」，用「在某一個可能世界裏」來表示「有機會」，但還保留「有能力」一詞，因爲我們似乎找不到可用的可能世界概念來表示它。現在假定上面那一句話，如同穆爾的講法，和下面這句話的意義相同。

Smith *would have* read *Emma* last night.（史密斯昨晚會是閱讀了《愛瑪》）

在反事實的敍述這個假定下，這句話的意思是說，史密斯昨晚**實際上**沒有閱讀《愛瑪》，但他昨晚**有機會**閱讀它。在這裏，我們似乎沒有必要把「有能力」這個涉及潛在性的概念放進去。這麼一來，這句話便完全可用可能世界的概念來表示了。那就是，史密斯昨晚**在這個實際世界裏**沒有閱讀《愛瑪》，但他昨晚在**某一個可能世界**裏閱讀它。讓我們看看下面這句話，也許會對上面這些討論更明白:

> Smith *might have* read *Emma* last night.（史密斯昨晚可能閱讀了《愛瑪》）

用可能世界的概念來說，這句話是說，史密斯昨晚**在這個實際世界裏**閱讀《愛瑪》**或是**他昨晚在**某一個可能世界裏**閱讀《愛瑪》，注意這裏的選言「或是」。

如果我們這些分析是適當的話，那麼穆爾把 "could have" 轉換爲 "would have" 的企圖便不是那麼隨便的了。

（三）奧斯丁說，如果句（Y）「在餐櫥裏有餅乾如果你想要（它）的話」，不是一個條件句，因爲它並不涵包它的質位同換，也就是它並不涵包「如果在餐櫥裏沒有餅乾，則你不想要它」。此外，它卻涵包它分離的後件「在餐櫥裏有餅乾」。

現在有一個問題我們要問的，我們怎麼知道像（Y）那樣的如果句**不涵包**它的質位同換，或**涵包**它分離的後件？一個當然的回答是，當如果句（Y）「在餐櫥裏有餅乾，如果你想要它的話」爲眞時，它的質位同換「如果在餐櫥裏**沒有**餅乾，則你不想要它」未必爲眞，它不但未必爲眞，甚至它的意思也是怪怪的。其實，我們這裏對這個質位同換句的**未必爲眞之感**，與其說是來自原如果句和它的**比較**所得，不如說是來自這種怪怪感。因此，我們對這裏的不涵包感在直覺上不十分明確。現在讓我們把所論如果句中的「你」改爲「他」。如果句（H）「在餐櫥裏有餅乾如果他想要它」。這個如果句（H）的質位同換是（H′）「如果在餐櫥裏**沒有**餅乾，則他不想要它」；這是一個很合理的語句，而且也很可能是眞的。這樣，我們不就可以說（H）涵包（H′）了嗎？這些討論告訴我們，僅僅靠直覺直接來決定一個如果句是否涵包它的質位同換，時常會產生爭議。因此，我們有進一步找尋可供決定參考做法的必要。

奥斯丁說：

> ……例如，在我們「在餐櫥裏有餅乾如果你想要它的話」這個例子中的**如果**。我不知道你是否想要餅乾，但如果你想要，我指出在餐櫥裏有餅乾。我知道，很誘人地把我們這裏的語句「擴張」成這樣：「在餐櫥裏有餅乾，**你可以**（**can** 或 **may**）**吃它**如果你想要」。但是，這不論合不合法，並不重要，因爲我們仍然留存有「能夠（can）〔或 may（可以）〕如果你想要」，它（在這裏）正如同「能夠(can) 如果你想要（choose)」或「能夠（can）如果你喜歡（like)」，這樣這個**如果**仍然是懷疑或猶豫的**如果**，不是條件的**如果**⑨。

在這裏，奥斯丁指出，在「在餐櫥裏有餅乾如果你想要它」中的**如果**，也就是這個如果句的前件是表示懷疑、猶豫的，這的確不

⑨ 奥斯丁：《哲學論文集》，頁 212-213。

錯。但我們要進一步指出的，它還可以表示「禮貌」、「客氣」，或根本就是一種「客套話」，因此，在這句話中「你想要」**是當一個邏輯上沒有眞假值的話來使用**。這麼說來，「在餐櫥裏有餅乾如果你想要它」這句話在邏輯上是否就相當於「在餐櫥裏有餅乾」嗎？不然。這個**如果**前件的客套話雖然自己沒有眞假值，可是它在**這整個如果句中却有一個邏輯的功能，那就是，它和這個**語句的其他部分一起**抑制**了一個有邏輯功能的話：「你可以（can 或 may）吃它」。這個語句在前引奧斯丁的分析中已經表示出來。簡單說來，「在餐櫥裏有餅乾如果你想要它」這句話在邏輯上相當於「在餐櫥裏有餅乾，你可以吃它」。後一句話是一個連言（conjunction）。因此它涵包它的連項（conjunct）「在餐櫥裏有餅乾」。又一個連言沒有所謂質位同換句，因此它無所謂涵包它的質位同換句。這樣，**爲什麼**如果句「在餐櫥裏有餅乾如果你想要它」**不涵包**它的質位同換，而**涵包**它分離的後件，可以得到進一步的解說。

第十三章　奧斯丁的哲學方法

一、語言哲學當做主題與當做方法

從一個較廣的角度來審視，奧斯丁哲學的特色是，既以語言哲學當主題，又以語言哲學當方法。在前面十二章中，我們以不同的詳略程度討論了他以語言哲學當主題的哲學。在語言（哲學）的研究上，奧斯丁側重的是日常語言，尤其是他的母語——英文。他對邏輯語言、人工語言、邏輯語法，或所謂「理想語言」和「完美語言」，似乎很少談過，甚或沒有。

在當代言語哲學發展上，有些人的主要目的之一是希望從語言的釐清做起，以解決哲學，尤其是傳統哲學上許多糾纏不清的困惑。他們想給哲學做治療的工作。有些人此外還繼續做語言的純粹研究。奧斯丁就是這樣的人。蒯英（W. V. U. Quine）說:

> 從前只有少數治療性的實證主義者，和眾多慢性病的形上學者。現在在每一所大學都有治療學家。流行病已被堵住，治療例行在做。此後資深的治療學家要如何盤據他們的心思呢？ 一個方向是，把他們的努力朝向對抗繼續但較少病毒的感染形式，即對抗非哲學專業人心中的哲學困惑。萊爾（Ryle）在他的《進退困境》（*Dilemma*）對這有很成功的嘗試。另一方向是，繼續做投入治療學那樣的

研究，但是現在是當做純粹研究的一個職業繼續它❶。

我們這裏所謂奧斯丁的哲學方法，是指他處理哲學問題的方式或技術，而不是指他特別主張的什麼方法學上的一種方法。我們關心他的哲學方法至少有兩個用處：一個是，對他的方法的了解，有助於了解他的哲學；另一個是，對研究某些哲學問題或某些哲學家的著作，他的方法很可以利用。

奧斯丁自己相當前後一貫的使用他的方法來研究哲學。但他從未寫專文討論他的方法。他只在討論哲學問題的過程中，尤其是在〈懇求辯解〉和〈潑墨水的三種方式〉中順便講述他的方法。他從沒有說過他的方法是**較好**的一種哲學方法，更沒有說過是應有的唯一（the）的方法。他說，只要是能夠獲得較豐富成果的任何哲學方法，都是可用的。

二、奧斯丁的哲學方法

奧斯丁認爲他已發展一種對付和處理對他特別有興趣的問題——有關語言的性質——的一種技術❷，一種「實驗技術」。他沒有以爲他最先有系統提出這些問題；他也沒有以爲他已經發現處理這些問題的唯一可能的方法。但是，他認爲他已設想出一種「實驗技術」，一種「實地調查」(field work) 方法，比迄今任何其他方法能夠用來給它們豐富地找到更充分、更有系統和更精確的解決。使用這種技術或方法的理由，在於它在實務上的

---

❶ 范光棣編輯：《奧斯丁研討》，頁 86。
❷ 本節參考鄔姆森（I. J. U. Urmson）的討論。前書，頁 76-86。

成功。如果其他的技術顯示更爲成功，也會更好。因此，奥斯丁的哲學技術或方法，可視爲是可能做一部分哲學的一個方法。

奥斯丁的哲學技術或方法的目的，是要給從事使用這個技術或方法的人所共知的某一語言的詞語（字詞、成語、語句和文法形式），儘可能的做充分、清楚和精確的處理和說明。實際上，這語言通常都是研究者的母語，因爲我們只能對所熟悉的語言應用這個技術。

我們不能够在一個會期或一系列會期研究整個一個自然語言，因此，我們必須選擇某些領域或問題做研究，譬如傳統上哲學家有興趣的，責任、知覺、記憶、條件句，和較少傳統研究的，器具 (artifacts)、現在完成式等。奥斯丁常常提議這個技術的生手應選擇哲學尚未常到的領域去做，這樣才不會被已有的成見所限。在選好領域以後，其次我們要儘可能完全地收集這個語言在這個領域中的資料，包括成語和字彙。例如，如果我們選了責任的領域，則我們不要從對有關 "voluntary"（自願、有自由意志）的行動和 "involuntary"（非出己意、不由自主）的行動提出通理（generalization）開始，而要收集在範圍內的所有字詞和成語開始。例如，在他的〈懇求辯解〉一文中，他收集了諸如 "willingly"（願意）、"inadvertenly"（粗心大意）、"negligently"（疏忽、過失）、"clumsily"（粗笨）、"accidentally"（意外）等等的詞語。在器具（artifacts）的領域裏，他也收集了許多諸如 "tool"（工具）、"instrument"（工具、儀器、樂器）、"implement"（器械、家具）、"furniture"（家具）、"equipment"（裝備、器材）和 "apparatus"（器械、裝置）等等名詞。在這個工作中，需要常識；也需要藝術和判斷。再說，所謂領域也是一個不精確的概念，起先的時候我們也許會不清楚某一名詞是否應包括在它裏面。奥斯丁的箴言是，有疑問時，在開始的時候應把它包括在內，因爲要挑開一個不是的要比修正遺漏的容易。要得到一個相當完整的列舉，最明顯的策略是：(1)自由聯想；(2)閱讀相關文獻——不是哲學家的著作，而是在責任領域來說，諸如法律報告，在工具領域來說，諸如郵購目錄；(3) 使用字典，雄心少一點的是查已經在筆記裏的名詞，並且添加那些在定義中使用的，直到系列完整達成，或者較有雄心的，閱讀整本字典。奥斯丁時常堅認，這不會花像我們預期那麼長的時間。

在初步收集詞語和成語的階段，由一個工作組（team）來做會更迅速和更徹底詳盡。奥斯丁一直堅認，這個技術在所有階段最好由許多工作組或這樣一起工作應用最好。成員彼此互補，彼此糾正疏忽和錯誤。在收集了詞語和成語以後，這個組羣要推進到第二階段。在這階段中，利用講述情況的情節和進行對話討論，他們儘量清楚和詳細提出情況的例子，在這些情況中這個成語是否較爲適用，以及在什麼地方我們應使用這個語詞。把那些不適用的情節講述出來也一樣重要。這第二個階段要花幾個會期；它不是在幾分鐘內就可以完成的事。

我們現在得到了詞語和成語的表列，以及例示這些詞語根據系絡能否出現的情況情節的表列。要達到這個階段需要團隊的活動。利用問卷來做的「人們會說的什麼」（what people would say）的統計調查不能代替團隊，因爲：(1)在問卷中無法有必要的詳細；(2) 沒有訓練的回答很容易造錯；(3) 我們是在提出可以獲得一致同意的問題。這團隊是它自身的選樣，其成員常可以問他們的親友「如果……你會說的什麼」（what would you say if...)。

奧斯丁一直堅持認爲，在迄今所描述的工作進程中，所有的理論化應該嚴格的排除。我們要整理包括有欠缺和無欠缺的詳細情節，並且避免過早企圖去解說爲什麼。過早的理論化者把他們的成語屈從到適合理論。但是，我們終究要到達把我們的結果系統化的階段。在這個階段我們要給不同的所論詞語提出一般的說明。如果這個說明弄淸爲什麼在我們各種不同的情節中所說的是得體的或是不得體的，是可能的或是不可能的。這樣，所提出的說明是否正確和適當是一個經驗的問題，因爲它能够拿所收集的資料來檢核。當然，如果我們急速從事早期的階段，則後來引出的新的語言事實會使得這個說明無效。

如果我們想要的話，我們現在可以繼續去拿我們這樣獲得的說明和哲學家一般對討論詞語所說的什麼，做一個比較。如果我們這樣做時，我們可以利用這個技術所得結果來檢查傳統哲學的論證。

爲什麼奧斯丁想這樣使用他的技術來處理哲學問題呢？

(1) 他認爲，使用這個技術我們能够把倂在所論的語言結構下，令人驚奇和動人的豐富和精緻的區分組和充分有實用的重要性顯現出來。在把它們弄顯現中，我們同時會對所論語言以及這個語言用來講到的非語言的世界，獲得一種更豐富的了解。在一個語言中所做的區分，和在另一個語言中所做的未必相同。我們未必發現必須做的區分，但是那些可以做區分的，一旦做了就做了。當我們遇到新的情況時，我們迄今能够有的區分可能會不適當；這樣，我們就需要創設新的區分。但是，奧斯丁認爲，哲學家在他們的研究中所想出和應用的區分，和那些在日常語言中已做的相較，是非常枯燥不成熟和貧乏的。當然，許多哲學家這樣做是因爲他們認爲，自然語言的區分沒有嚴格的趣味，因而必須讓路給某種特別構作的「科學」語言所做的區分。奧斯丁認爲，只有那些沒有覺察到日常語言的精緻性的哲學家才這樣想。奧斯丁並不想否認，在不同的地方，某一自然語言會包含概念的混亂；他沒有不徵諸經驗的確信說，語言必定都「如其那樣在完美狀況」；他僅僅認爲，比傳統上所做的更緊密檢查的語言資源，會產生驚人豐富的報酬。

(2) 奧斯丁希望這個工作會是一個新的語言科學的開始，這個科學會結合哲學家、文法學家和語言學家的工作。他認爲，對實際的語言事實做緊密的探視，馬上就會使得盛行的格式、理論和通理變成無效。爲精確的語言研究，我們需要新的術語，這些新術語會在精確的語言研究中浮現。例如在他的《如何拿話做事》中出現的言辭做行（locutionary act)、在言做行（illocutionary act) 和由言做行 (perlocutionary act) 的區分，就是爲貢獻給這新術語創設的。

(3) 奧斯丁也相信，仔細檢查我們在所論領域中講話的方式，會使我們免於哲學家在討論傳統的哲學問題中陷入的混亂。這些問題至少會在日常語言中產生；因此，對這個語言做緊密的檢查，將至少是謹愼檢查它的一個「一切的開始」，如果不是「一切的結束」的話。如果一個哲學家希望以「特別的」意思使用字詞，他當然可以，而且原則上不一定會錯；但是，一個概念的修改要謹愼地根據徹底了解所修改的是什麼。哲學家時常沒有以新的仔細愼重考慮後的方法使用字詞，而以一種反常方式使用日常語言，而卻同時依賴非反常使用的蘊涵。在臺灣的許多中國哲學的「研究者」，就有這種「習性」。

以上完成奧斯丁的哲學、技術或方法的概略。奧斯丁自己也知道，在綱要上他的目的和方法都不是全然新的。其新的地方，在堅持設計一種技術去產生比迄今獲得的更精確、更有系統的東西，並且相信，有耐心、有系統的遵循這個技術，會是一個新的語言科學的開始。

三、檢查《老子》的「言」、「行」

在本節裏，我們將參考上節所講奧斯丁的方法來檢查《老子》，也就是老子《道德經》中「言」、「行」兩詞的概念。我覺得奧斯丁的方法很值得推薦到中國傳統哲學的研究上。《老子》中有許多字詞值得用這個方法做一個研究，譬如:「道」、「德」、「無」、「名」、「有」、「物」、「爲」、「生」等等。在這裏，我們選擇「言」、「行」這兩個字詞來檢查，主要是爲和前面第六章第三節《論語》論言行，做個對照。

我們要參考的奧斯丁方法是經過修調的。我們的修調主要是爲適合我們的檢查，而不是因爲對這個方法本身有什麼異議。我們在這裏的檢查和奧斯丁自己的正規做法，有幾點重要的不同。首先，當然奧斯丁要檢查的是（某一個）自然語言，尤其是日常語言，更尤其是現在使用的英文；而我們要檢查的是《老子》一書。《老子》一書的「語言」是自然語言，但是，是「日常」“ordinary” 語言嗎？顯然，它不是我們現在在地球上任何人羣所使用的日常語言，它也不是哲學界所使用的語言，除非在討論老子哲學而且在引用《老子》章句的時候。《老子》是兩三千年前的人用「文言文」寫的，因此，《老子》的語言恐怕也不是兩三千年前任何人羣的日常語言。其次，我們現在要檢查的是《老子》裡「言」、「行」兩個字詞的種種可能意義，而不是和那一個領域 (area, field)，譬如責任、好壞、言行等有關的諸字詞的種種意義或概念的區分。再說，我們現在也不是從字典或有關文獻去找相關的字詞，而是從《老子》一書去找有「言」、「行」兩個字詞出現的章句。再說，我們現在也沒有工作組 (team) 的人，工作者只有我一個人，不過代替的，我們有幾本有關《老子》的著作在身邊，隨時會參考這些著作。再說，有關言行的問題，是現在哲學上經常被人討論的問題。

現在先讓我們把《老子》中有「言」、「行」兩個字詞出現的詞語集錄下面❸：

(甲) 言 (共用二十一次)：

行不言之教 (2)

多言數窮 (5)

言善信 (8)

悠兮其貴言 (17)

豈虛言哉 (22)

希言自然 (23)

善言無瑕謫 (27)

言以喪禮處之 (31)

故建言有之 (41)

不言之教 (43)

❸ 這裏的集錄是參照葉廷幹：《老子索引》(原名《老子道德經串珠》)，頁 50-51，詞組中的阿拉伯數字是指該詞組在《老子》出現的章次。

知者不言。言者不知（56）
美言可以市尊（62）
必以言下之（66）
用兵有言（69）
吾言甚易知甚易行。言有宗（70）
不言而善應（73）
正言若反（78）
信言不美。美言不信（81）

（乙）行（共用二十次）：
行不言之教（2）
令人行妨（12）
跨者不行。曰餘食贅行（24）
周行而不殆（25）
是以聖人終日行不離輜重（26）
善行無轍迹（27）
故物或行或隨（29）
強行者有志（33）
勤而行之（41）
是以聖人不行而知（47）
陸行不遇虎兕（50）
行於大道（53）
美行可以加人（62）
千里之行（64）
是謂行無行（69）
吾言甚易知甚易行。天下莫能知莫能行（70）

天下莫不知莫能行（78）

現在先讓我們檢查「言」字。我們先看看在詞組中，「言」字可能有那些解釋。

行不言之教（2）：不說話；不發號施令；不炫耀。

多言數窮（5）：多說話；多發號施令；議論太多；多自炫耀。

言善信（8）：說話。

悠兮其貴言（17）：少發號施令；少自炫耀；不多說話。

豈虛言哉（22）：虛假的話。

希言自然（23）：少說話；少發號施令；少自炫耀。

善言無瑕謫（27）：會說話。

言以喪禮處之（31）：就是說。

故建言有之（41）：立言。

不言之教（43）：不用說話；不發號施令；不自炫耀。

知者不言，言者不知（56）：不說話；不發號施令；不自炫耀；不〔亂〕說。

美言可以市尊（62）；美好的言詞；甘言媚辭。

必以言下之（66）：言辭。

用兵有言（69）：這樣說。

吾言甚易知甚易行（70）：我的話。

言有宗（70）：言論。

不言而善應（73）：不說話。

正言若反（78）：正確的話；正直的話；正面的話。

信言不美。美言不信（81）：眞話。好聽的話。

現在讓我們根據上面對「言」的解釋，以及對《老子》的一般了解[4]，列述和「言」字有關的一些要點：

(1)「言」字有說話、發號施令和炫耀的意思。

(2)「言」、「行」兩字出現並提的只有兩處，卽「行不言之教」和「吾言甚易知甚易行」，而且在這裏在哲學觀念上並不特別重要，由此可以知道，在《老子》中，言、行相提並論的議題並不特別重要。

(3)謂「言」之眞假的只有三處，卽「言善信」、「豈虛言哉」和「信言不美。美言不信」。同時，這些地方所講的不是涉及客觀世界的眞假問題，而是涉及人間世界的**眞不眞誠**的問題。也就是，邏輯上的眞假觀念，在《老子》中並沒有嚴格而清楚的講到。

(4)講到「言」之矛盾，似乎只有「正言若反」一處。而且是在「弱之勝強，柔之勝剛」這種《老子》的一般對反的思考方式系絡中講的。因此，在語言中經常會出現的矛盾問題，《老子》中似乎沒眞觸及到。

現在讓我們檢查「行」字。讓我們看看在前面所錄列的詞組中，「行」字可能有那些解釋。

行不言之教（2）：實行「不言」的教導。

令人行妨（12）：去偸搶；行爲受到損害；行爲敗壞。

跨者不行（24）：快不了；走不動；不能成行；走不遠。

曰餘食贅行（24）：附贅之形；累贅的舉動；贅瘤。

周行而不殆（25）：循環運行。

---

[4] 我們在這裏一方面在應用奧斯丁的方法，一方面也在研究《老子》。

是以聖人終日行不離輜重（26）：走路、出行；行動、行事。

善行無轍迹（27）：走路；作事。

故物或行或隨（29）：前行。

強行者有志（33）：力行；努力不懈。

勤而行之（41）：實施；修行。

是以聖人不行而知（47）：經歷；舉動；出行。

陸行不遇虎兕（50）：行走，走路。

行於大道（53）：行走。

美行可以加人（62）：行爲。

千里之行（64）：行走，行程。

是謂行無行（69）：沒有陣勢（行列）可以擺（排列）。

吾言甚易知甚易行（70）：實行。

天下莫能知莫能行（70）：實行、做。

現在讓我們根據上面對「行」的解釋，以及對《老子》的一般了解，列述和「行」字有關的一些要點：

(1) 「行」字有走路、行程、經歷、舉動、實行、做、行爲和運行等意思。除了運行這個意思是指宇宙和自然的運行以外，其它的意思都是行的動作。

(2) 在《老子》中只有「周行而不殆」這一處用「行」字講到大自然的運行。而且也沒有利用這一處講利人的行和大自然的行之間的什麼關聯。

(3) 在《老子》中似乎沒有講到在道德上什麼行是好的和什麼行是壞的。

(4) 在《老子》中似乎對「言」、「行」本身沒有講過什麼。

現在讓我們就以上的檢查和前面第六章第三節《論語》論言

行，對《老子》中的「言行」和《論語》中的「言行」，做一個簡單的比較:

(1) 「言行」在《論語》中的重要遠比它在《老子》中的重要。這主要是因爲《論語》討論個人道德的問題遠比《老子》討論的多得多。

(2) 「言行」相提並論之處，在《老子》只有一個地方，在《論語》則有很多。這當然是由於《論語》重倫理的問題，而《老子》則不重。

(3) 不論在《論語》或在《老子》，似乎都沒有對「言行」本身的問題做哲學或邏輯的分析，也就是說，它們都尙未觸及一般語言和行動哲學的問題。

奧斯丁年表 (1911-1960)

1911年3月

生於英格蘭的蘭卡斯特，父親是個建築家。

1924年

拿古典學獎學金到英格蘭西部舒茲伯利學校上學。

1929年

拿古典學獎學金到牛津伯利爾學院唸大學。

1931年

獲得希臘散文蓋斯福獎；古典學學士初試被評爲第一級。首次認眞熟悉哲學。

1933年

得到牛津古典學最後學位考試第一級，成爲全靈學院會員。

1935年

離開全靈學院研究職位，到馬達蘭學院當研究員和導師。

1937年

與普利查論辯亞里士多德《倫理學》中的 ‘*αγαθον*’ 和 ‘*ενδαιμονια*’ 此稿後來收在 J. M. E. Moravcsik 編《亞里士多德：批評文集》(*Aristotle: A Collection of Critical Essays*), 1967, 紐約。

1939年

在《亞里士多德學會會報》(*Proceedings of the Aristotelian Society*)，發表他的首次論文〈有不徵諸經驗的概念嗎?〉(Are There *A Priori* Concepts?)；開始探討「做言講話」。

1940年

在劍橋的「道德科學俱樂部」和牛津的「喬美特 (Jowett) 學會」發表〈字詞的意義〉(The Meaning of a Word) 一文，此文稿收在1961年出版的《哲學論文集》。夏天，一段初步訓練後，被任命在情報團，並駐紮在倫敦國防部。

1941年

和珍古茲結婚，有四個小孩，二男二女。

1942年

接管民防部隊總部一個小隊的指揮，做進攻西歐的情報工作。

1943年

小隊擴大，以戰區情報小隊名義，調到第21集團軍。

1944年

和他的小隊調到諾曼地的格蘭威爾，後來到凡賽爾。

1945年 9 月

以中校和大英帝國軍官離開軍隊，以在盟軍進攻西歐始日前工作，得到法國和美國勳章。

1946年

在「亞里士多德學會」參加「別人的心」討論會，發表〈別人的心〉(Other Minds)專文，此文刊在該學會學報。

1947年

在牛津三一學院，在「哲學問題」題目下，首先使用〈感覺與所感覺的〉(Sense and Sensibilia) 爲題目，發表序列演講。與普利查論辯「答應」。

1949年

當學監，參加許多委員會。

1950年

「週末晨會」的集會開始。在《亞里士多德學會會報》發表〈眞理〉(Truth)，英譯弗列格的《算術基礎》出版。

1952年

當牛津大學出版部代表，懷特講座教授。在《亞里士多德學會會報》發表〈如何講話〉(How to Talk)。

1953年

當哲學分系主任。

1954年

在牛津「哲學學會」發表〈對事實的不公平〉(Unfair to Facts)

1955年

訪問美國哈佛大學當威廉詹姆士講座。

1956年

在《亞里士多德學會會報》發表〈懇求辯解〉(A Plea for Excuses)；在《英國研究院學報》發表〈如果和能够〉(Ifs and Cans)；在英國 B. B. C. 發表〈做言講話〉(Performative Utterance)。

1957年

在《亞里士多德學會會報》發表〈假裝〉(Pretending)

1958年

訪問美國柏克萊大學。

1959年

訪問美國普林斯頓大學，在牛津最後一次講〈感覺與所感覺的〉

1960年 2 月

癌症病逝。

1961年

他的文集《哲學論文集》，由鄔姆森 (J. O. Urmson) 編輯出版。

1962年

他的講稿《感覺與所感覺的》由瓦諾克整理出版；他的講稿《如何拿話做事》由鄔姆森編輯出版。

1970年

《哲學論文集》第二修訂版，增兩篇文章。

1975年

《如何拿話做事》由鄔姆森和 Marina Sbisa 增訂二版。

1979年

《哲學論文集》三版，由鄔姆森重編，並添增一篇文章。

1980年

《如何拿話做事》，由 P. H. Nidditch 編索引。

參考書目

Austin（奧斯丁），**J.L.**：

1961　*Philosophical Papers*（《哲學論文集》），牛津大學，1979 第三版。

1962　*How to Do Things with Words*（《如何拿話做事》），哈佛大學，1975 第二版。

1962　*Sense and Sensibilia*（《感覺與所感覺的》），牛津大學。

Ayer（艾爾），**A.J.**：

1940　*The Foundations of Empirical Knowledge*（《經驗知識的基礎》），倫敦。

1982　*Philosophy in The Twentieth Century*（《二十世紀哲學》），倫敦。

Fann（范光棣）（編輯）**K.T.**：

1969　*Symposium on J. L. Austin*（《奧斯丁討論》），倫敦。

Frege（弗列格），**G.**：

1952　*Translations from the Philosophical Writings of Gottlob Frege*（《弗列格哲學著作選譯》），Max Black 和 Peter Geach 合編譯，1980 第三版，牛津 Basil Blackwell.

Graham（格雷姆），Keith:

1977 *J.L. Austin—A Critique of Ordinary Language Philosophy*（《奥斯丁——日常語言哲學批評》），Humanities, New Jersey.

Mendelson（孟德森），Elliott:

1987 *Introduction to Mathematical Logic*，第三版，加州。

Pitcher（比查）（編輯），George:

1964 *Truth*（《眞理》），Prentice-Hall, New Jersey.

1964 *The Philosophy of Wittgenstein*（《維根斯坦哲學》），Prentice-Hall, New Jersey.

Quine（蒯英），W.V.O.:

1982 *Method of Logic*（《邏輯方法》），哈佛大學。

Searle（塞爾），John R.:

1962 *Speech Acts*（《說話做行》），牛津大學。

1971 *The Philosophy of Language*（《語言哲學》），塞爾編輯，牛津大學。

Strawson（史陶生），P.F.:

1952 *Introduction to Logical Theory*（《邏輯理論導論》），倫敦。

1971 *Logico - Linguistic Papers*（《邏輯語言論文集》），倫敦。

Warnock（瓦諾克），G.J.:

1973 *Essays on J.L. Austin*（《論奥斯丁文集》），

牛津。

1989 *J. L. Austin*（《奧斯丁》），紐約。

Wittgenstein（**維根斯坦**），**L.**：

1922 *Tractatus Logico-Philosophicus*（《邏輯哲學論說》），C. K. Ogden 英譯，倫敦；D. F. Pears 和 B. F. McGuinness 合英譯，1971 第二版，倫敦。

1953 *Philosophical Investigations*（《哲學探究》），G. E. M. Anscombe 和 R. Rhees 合編，後者英譯，牛津 1958 第二版。

劉福增

1981 《語言哲學》，臺北三民書局。

1987 《維根斯坦哲學》，臺北三民書局經銷。

英中索引

S

T

U

V

W

中英索引

本索引按照中文羅馬拼音次序排列。

注音字母和表音字母對照表如下:

ㄅ	b	ㄉ	d	ㄍ	g	ㄑ	q	ㄕ	sh	ㄙ	s	ㄧ	y
ㄆ	p	ㄊ	t	ㄎ	k	ㄒ	x	ㄖ	r	ㄞ	ai	ㄨ	w
ㄇ	m	ㄋ	n	ㄏ	h	ㄓ	zh	ㄗ	z	ㄡ	ou	ㄩ	yu
ㄈ	f	ㄌ	l	ㄐ	j	ㄔ	ch	ㄘ	c	ㄢ	an		

m（ㄇ）

描述的約定（descriptive convention） 190ff
馬達蘭（Magdalen） 5
孟德森（Mendelson, E.） 221
梅露龐蒂（Merleau-Ponty） 14
命題做行（propositional act） 135
穆爾（Moore, E.） 30, 165, 225

n（ㄋ）

擬似命題（psedo-proposition） 36
內在情境（internal (inward) situation） 45, 52, 57-60
紐拉特（Neurath, O.） 35
諾爾史密斯（Nowel-Smith） 12, 228

p（ㄆ）

普利查（Prichard, H. A.） 3, 194
判決（定）（verdictive） 60, 102, 103

q（ㄑ）

潛質（disposition） 15
欠切（infelicity） 44, 49, 50, 157
全靈學院（All Souls） 4
齊紹姆（Chisholm, R. M.） 200

r（ㄖ）

如果和能夠（if and can） 219ff

s（ㄙ）

塞爾（Searle, J. R.） 46, 129-145

sh（ㄕ）

說（saying） 81
說話做行（speech act） 33, 39, 79, 81
石里克（Schlick, M.） 35
舒茲伯利（Shrewsbury） 2
史東（Stone, C. G.） 3
史陶生（Strawson, P. F.） 31, 50, 148
示意（Force） 70, 88, 101
聲音（Noise） 85
實示的約定（demonstative convention） 191ff
使用（use） 38

t（ㄊ）

吐音做行（phonetic act） 85, 130
塔斯基（Tarski, A.） 31

w（ㄨ）

妄用（abuse） 46, 47
委諾（commissive） 102, 107
誤求（misinvocation） 47
誤用（misapplication） 47

x（ㄒ）

y（ㄧ）

yu（ㄩ）

z（ㄗ）

zh（ㄓ）

世界哲學家叢書(七)

書名	作者	出版狀況
洛爾斯	石元康	已出版
諾錫克	石元康	撰稿中
希克	劉若韶	撰稿中
尼布爾	卓新平	已出版
馬丁・布伯	張賢勇	撰稿中
蒂里希	何光滬	撰稿中
德日進	陳澤民	撰稿中

世界哲學家叢書(六)

書名	作者	出版狀況
皮亞杰	杜麗燕	撰稿中
馬利丹	楊世雄	撰稿中
馬賽爾	陸達誠	排印中
梅露・彭廸	岑溢成	撰稿中
德希達	張正平	撰稿中
呂格爾	沈清松	撰稿中
克羅齊	劉綱紀	撰稿中
懷德黑	陳奎德	撰稿中
玻爾	戈革	已出版
卡納普	林正弘	撰稿中
卡爾巴柏	莊文瑞	撰稿中
柯靈烏	陳明福	撰稿中
穆爾	楊樹同	撰稿中
維根斯坦	范光棣	撰稿中
奥斯丁	劉福增	已出版
史陶生	謝仲明	撰稿中
赫爾	馮耀明	撰稿中
帕爾費特	戴華	撰稿中
魯一士	黃秀璣	排印中
珀爾斯	朱建民	撰稿中
散塔雅納	黄秀璣	撰稿中
詹姆斯	朱建民	撰稿中
杜威	李常井	撰稿中
史賓格勒	商戈令	已出版
奎英	成中英	撰稿中

世界哲學家叢書(五)

書名	作者	出版狀況
盧梭	江金太	撰稿中
孟德斯鳩	侯鴻勛	撰稿中
康德	關子尹	撰稿中
費希特	洪漢鼎	撰稿中
黑格爾	徐文瑞	撰稿中
叔本華	劉東	撰稿中
尼采	胡其鼎	撰稿中
祁克果	陳俊輝	已出版
約翰彌爾	張明貴	已出版
費爾巴哈	周文彬	撰稿中
恩格斯	金隆德	撰稿中
狄爾泰	張旺山	已出版
韋伯	陳忠信	撰稿中
卡西勒	江日新	撰稿中
雅斯培	黃藿	已出版
胡塞爾	蔡美麗	已出版
馬克斯・謝勒	江日新	已出版
海德格	項退結	已出版
高達美	張思明	撰稿中
漢娜鄂蘭	蔡英文	撰稿中
盧卡契	謝勝義	撰稿中
阿多爾諾	章國鋒	撰稿中
哈伯馬斯	李英明	已出版
馬克弗森	許國賢	撰稿中
柏格森	尚新建	撰稿中

世界哲學家叢書㈣

書名	作者	出版狀況
山崎闇齋	岡田武彥	已出版
三宅尚齋	海老田輝已	撰稿中
中江藤樹	木村光德	撰稿中
貝原益軒	岡田武彥	已出版
狄生徂徠	劉梅琴	撰稿中
安藤昌益	王守華	撰稿中
富永仲基	陶德民	撰稿中
楠本端山	岡田武彥	已出版
吉田松陰	山口宗之	已出版
福澤諭吉	卞崇道	撰稿中
西田幾多郎	廖仁義	撰稿中
柏拉圖	傅佩榮	撰稿中
亞里斯多德	曾仰如	已出版
聖奧古斯丁	黃維潤	撰稿中
伊本・赫勒敦	馬小鶴	排印中
聖多瑪斯	黃美貞	撰稿中
笛卡兒	孫振青	已出版
蒙田	郭宏安	撰稿中
斯賓諾莎	洪漢鼎	已出版
萊布尼茲	陳修齋	撰稿中
培根	余麗嫦	撰稿中
霍布斯	余麗嫦	撰稿中
洛克	謝啟武	撰稿中
巴克萊	蔡信安	已出版
休謨	李瑞全	撰稿中

世界哲學家叢書㈢

書名	作者	出版狀況
智旭	熊琬	撰稿中
章太炎	姜義華	已出版
熊十力	景海峰	已出版
梁漱溟	王宗昱	已出版
金岳霖	胡軍	排印中
張東蓀	胡偉希	撰稿中
馮友蘭	殷鼎	已出版
唐君毅	劉國強	撰稿中
賀麟	張學智	已出版
龍樹	萬金川	撰稿中
無著	林鎮國	撰稿中
世親	釋依昱	撰稿中
商羯羅	黃心川	撰稿中
泰戈爾	宮靜	已出版
奧羅賓多・高士	朱明忠	撰稿中
甘地	馬小鶴	撰稿中
拉達克里希南	宮靜	撰稿中
元曉	李箕永	撰稿中
休靜	金煐泰	撰稿中
知訥	韓基斗	撰稿中
李栗谷	宋錫球	排印中
李退溪	尹絲淳	撰稿中
道元	傅偉勳	撰稿中
伊藤仁齋	田原剛	撰稿中
山鹿素行	劉梅琴	已出版

世界哲學家叢書(二)

書名	作者	出版狀況
朱舜水	李甦平	撰稿中
王船山	張立文	撰稿中
眞德秀	朱榮貴	撰稿中
劉蕺山	張永儁	撰稿中
黃宗羲	盧建榮	撰稿中
顧炎武	葛榮晉	撰稿中
顏元	楊慧傑	撰稿中
戴震	張立文	已出版
竺道生	陳沛然	已出版
眞諦	孫富支	撰稿中
慧遠	區結成	已出版
僧肇	李潤生	已出版
智顗	霍韜晦	撰稿中
吉藏	楊惠南	已出版
玄奘	馬少雄	撰稿中
法藏	方立天	已出版
惠能	楊惠南	撰稿中
澄觀	方立天	撰稿中
宗密	冉雲華	已出版
永明延壽	冉雲華	撰稿中
湛然	賴永海	排印中
知禮	釋慧嶽	撰稿中
大慧宗杲	林義正	撰稿中
袾宏	于君方	撰稿中
憨山德清	江燦騰	撰稿中

世界哲學家叢書㈠

書名	作者	出版狀況
孟子	黃俊傑	排印中
老子	劉笑敢	撰稿中
莊子	吳光明	已出版
墨子	王讚源	撰稿中
淮南子	李增	已出版
賈誼	沈秋雄	撰稿中
董仲舒	韋政通	已出版
揚雄	陳福濱	撰稿中
王充	林麗雪	已出版
王弼	林麗真	已出版
嵇康	莊萬壽	撰稿中
劉勰	劉綱紀	已出版
周敦頤	陳郁夫	已出版
邵雍	趙玲玲	撰稿中
張載	黃秀璣	已出版
李覯	謝善元	已出版
王安石	王明蓀	撰稿中
程顥、程頤	李日章	已出版
朱熹	陳榮捷	已出版
陸象山	曾春海	已出版
陳白沙	姜允明	撰稿中
王廷相	葛榮晉	已出版
王陽明	秦家懿	已出版
李卓吾	劉季倫	撰稿中
方以智	劉君燦	已出版